Vendre pour la première fois

Ouvrages de René Moulinier

Aux Éditions d'Organisation
- Les Techniques de la vente (Prix DCF)
- Vendre aux grands comptes
- Les Entretiens de vente
- Prospection commerciale, stratégie et tactiques
- Comportements de vente (avec Jean L. Lehmann)
- Comment rater une vente (avec Sophie-Charlotte Moulinier, illustré par Mick)
- Visites clients : préparez vos négociations
- Optimisez vos visites commerciales (les tournées des vendeurs)
- Les 10 clefs de l'efficacité du commercial (Prix DCF)
- Manager les vendeurs
- Le Livre du chef des ventes
- Le recrutement des commerciaux (avec Florian Mantione)
- Mener une réunion efficace
- Former pour la première fois

Chez d'autres éditeurs
- Guide du savoir-vivre des affaires (Chiron éditeur)
- L'Essentiel de la vente (Chiron éditeur)
- Dictionnaire de la vente (Vuibert)
- L'Evaluation du personnel (Chiron éditeur)
- Gestion du temps : manager son travail, manager sa vie (Chiron éditeur)
- Techniche e psicologia della Vendita (avec Carlo Rotondi) (Rizzoli - ETAS)
- Guidare una Forza di Vendita (avec Carlo Rotondi et Giancarlo Morganti) (Rizzoli - ETAS)
- La Valutazione dei Collaboratori (avec Carlo Rotondi et Giancarlo Morganti) (Rizzoli - ETAS)

Cassettes audio
- Mieux vendre I - Mieux vendre II

Disponibles chez Moulinier et Associés - E-mail : rene.moulinier@wanadoo.fr - tél.: 01 45 22 67 76

Audiolivre
- Vendre avec succès (www.audible.fr)

RENÉ MOULINIER

Vendre
pour la première fois

Toute la vente en 15 étapes

Deuxième tirage 2008

EYROLLES

Éditions d'Organisation

Éditions d'Organisation
Groupe Eyrolles
61, bd Saint-Germain
75240 Paris Cedex 05

www.editions-organisation.com
www.editions-eyrolles.com

© Groupe Eyrolles, 2006

ISBN : 978-2-7081-3671-7

Mode d'emploi de ce livre

- Ne lisez pas ce livre d'une traite.
- Étudiez une étape après l'autre.
- Appropriez-vous le contenu en surlignant, en soulignant, en encadrant ce qui vous paraît important.
- Écrivez vos notes et vos réflexions en marge.

Ce livre n'est pas un livre précieux de bibliophile qui a vocation à être enfermé dans la douce pénombre d'une bibliothèque ; c'est un instrument de travail, un manuel pratique destiné à être le fidèle compagnon de vos premiers pas dans la vente ; gardez-le près de vous, à portée de main, prêt à être consulté à tout moment.

Sommaire

Lettre à un jeune vendeur

Cher ami,

Les raisons pour lesquelles vous débutez dans le grand métier de la vente peuvent être multiples.

Votre père, ou l'un de vos proches, parent ou ami, est représentant et vous désirez avoir un train de vie aussi confortable que le sien.

Vous êtes le fils ou la fille d'un commerçant dont l'affaire survit difficilement face à la concurrence agressive des grandes surfaces et qui, clairvoyant, vous a incité à entrer dans un métier d'avenir où l'on gagne correctement sa vie.

Ou bien, fille ou fils d'agriculteur, mais d'une famille de plusieurs enfants, dont la ferme ne pourra nourrir qu'un seul d'entre vous, vous avez voulu garder le contact avec la terre en entrant dans la force de vente d'un fabricant de matériel agricole, d'un producteur de semences ou d'aliments composés pour l'élevage.

Fils ou fille d'ouvrier, peut-être, qui ne souhaite pas mettre ses pas dans ceux de son père.

Enfant de fonctionnaire rebuté par un métier aux contraintes multiples et qui envisage une vie professionnelle plus libre.

Pourquoi pas, fils ou fille d'enseignant qui ne se sent pas pédagogue dans l'âme ? À moins que, diplôme littéraire ou philosophique en poche, devant la rareté des emplois offerts, vous n'ayez bifurqué vers la voie de la vente.

Ou encore, quel que soit le métier de vos parents, parce que le hasard ou le choix de vos études vous a fait passer par un lycée professionnel ou un IUT dédié aux techniques de commercialisation ou aux forces de vente, à la suite d'un stage, vous avez été invité à rejoindre l'équipe de vente de l'entreprise.

Il existe d'autres portes d'entrée dans la vente. Vous le savez bien, vous qui êtes issu du bureau d'études, de la comptabilité, du service après-vente, du service commercial sédentaire, vous qui êtes ingénieur ou bien chauffeur-livreur et qui avez postulé — à moins qu'on vous l'ait proposé — pour devenir vendeur itinérant. Peut-être aussi, quand vous avez été la victime de ce qu'on ose appeler un « plan social », parce que vous croyez en votre étoile, vous avez tenté votre chance en embrassant la carrière commerciale.

Bien entendu, dans ces diverses circonstances, on a beaucoup parlé de la vente autour de vous, mais pas toujours dans les termes les plus flatteurs. Certains vendeurs ont pu vous raconter leurs exploits en clientèle — vrais ou faux, qu'en sait-on ? —, et vous étiez ébahi, à demi admiratif, à demi sceptique.

Vous vous êtes aussi interrogé sur votre vocation de vendeur. Est-ce si important ? Nombreux sont les commerciaux qui n'ont apprécié et aimé ce métier qu'en l'exerçant. Ils ont persévéré et réussi.

L'entreprise qui vient de vous engager, ou qui vous a proposé ou accepté le changement d'orientation de votre carrière, a-t-elle déjà pris le soin de vous placer sous la responsabilité d'un tuteur, chargé de vous initier aux ficelles de son métier et qui vous a prié de l'accompagner en clientèle ?

Mieux, avez-vous été inscrit à un séminaire de formation qui vous aura permis de vous exercer lors de simulations de vente ?

Cependant, jusqu'à ce jour, vous ne vous êtes pas trouvé seul en face d'un client et vous n'êtes pas sorti de l'entretien de vente avec une commande.

Néanmoins, demain vous rencontrez votre premier client.

Bien que vous soyez en général assez sûr de vous-même (c'est du moins ce que vous laissez paraître), ce n'est pas sans une certaine appréhension que vous envisagez cette première rencontre.

Comment cela va-t-il se passer ?

J'ai eu bien des échanges avec vos collègues vendeurs. Nombreux sont ceux qui m'ont raconté leur toute première visite à un client, parfois avec un air amusé, tant cette première rencontre s'était mal passée ; mais je m'empresse de dire que ce n'est pas le cas de tous.

Me revient en particulier le souvenir de ce visiteur médical, retraité aujourd'hui, à qui le laboratoire dont il présentait les médicaments avait donné à son entrée pour tout bagage une valisette d'échantillons (la fameuse marmotte), un descriptif succinct et le prix de vente des produits, enfin la liste des médecins à visiter. Ce jeune visiteur, lors de son premier entretien, se trouva en présence d'un vieux médecin à qui il eut l'heureuse idée d'avouer qu'il débutait et qu'il ne connaissait pas grand-chose aux médicaments dont il devait présenter les caractéristiques. Ce médecin, touché sans doute par la jeunesse et l'inexpérience de ce visiteur, lui proposa de déballer le contenu de la valisette et, bon pédagogue, lui donna un cours sur les compositions, les caractéristiques, les applications, les effets positifs et les effets secondaires indésirables des différents médicaments, leurs efficacités comparées pour le traitement des pathologies auxquelles ils étaient destinés.

Évidemment, une telle anecdote est exceptionnelle, et il est peu probable que votre premier client soit aussi bien disposé envers vous si vous adoptez une approche aussi naïve. On vous attend compétent.

Compétent, penserez-vous, comment l'être ? À tout le moins comment le paraître ?

Comment devrez-vous vous y prendre avec ce premier client ou prospect ?

Que lui dire ? Qu'éviter de dire ?

Que faire ? Que s'abstenir de faire ?

Comment se comporter ?

Vous venez de poser les questions auxquelles répond ce livre, ainsi qu'à beaucoup d'autres.

Aux marins qui partent en croisière à voile on souhaite : « Bon vent ! » Aux vendeurs on dit : « Bonne route ! » Et à vous qui avez en main ce livre dont vous ferez votre profit : « Bienvenue dans l'univers de la vente, le succès vous attend ! »

Cordialement.

René Moulinier

1

Êtes-vous entré dans la mentalité d'un vendeur ?

Avez-vous déjà réfléchi à la façon dont vous alliez exercer votre métier de vendeur ?

Un titre

Vous avez un *titre*. Il reflète votre statut et votre position sur l'organigramme de l'entreprise.

Un rôle

Vous avez un *rôle*. Vous êtes l'acteur de la politique commerciale et financière de votre entreprise. Vous êtes chargé d'influencer vos clients.

Une action

Vous avez une *action*. Cette action peut être définie selon neuf axes :

❖ connaître ses produits, leur utilisation ou leur application aux métiers ou activités de vos clients ;

❖ connaître son territoire de vente, ses clients et leur environnement économique, leurs marchés ;

❖ intégrer les directives de la direction commerciale (les objectifs et les priorités) ;

❖ contacter, rencontrer, informer les clients et les prospects sur les produits et les services de votre entreprise ;

❖ négocier et aboutir à un accord ; en d'autres termes, mener le jeu et vendre ;

❖ gérer son emploi du temps ;

❖ gérer sa clientèle ;

❖ gérer ses objectifs et ses résultats ; en cas de retard, réaliser les actions de correction éventuellement nécessaires ;

❖ informer votre hiérarchie sur les évolutions de votre territoire de vente, sur votre clientèle, sur vos résultats.

Une attitude

L'exercice de votre métier est inspiré par six attitudes principales.

Relation

Avoir une attitude relationnelle, c'est prendre l'initiative de rencontrer les autres pour créer et entretenir des réseaux d'échange d'information, chez les clients et dans son entreprise. Avoir une attitude relationnelle, c'est à l'intérieur de l'entreprise organiser une vie de groupe, dont, en tant que vendeur, on est l'élément en avant-poste.

Écoute et empathie

Il s'agit ici de se centrer sur l'autre pour qu'il se sente pris en compte et accepté, de chercher à comprendre, de faire œuvre d'empathie, c'est-à-dire percevoir ce que le client exprime à partir de son cadre de référence propre, de comprendre le métier du client.

Cette attitude est à l'opposé du raisonnement en fonction de soi ou de l'esprit de jugement (le vendeur se plaçant sur un plan supérieur et se manifestant par des moqueries ou par l'ironie).

Mise en perspective

Mettre en perspective, c'est avoir l'intelligence de la vente et des situations rencontrées, c'est comprendre que toute décision de la part d'un client est complexe parce qu'elle prend en compte la personne de l'interlocuteur, son contexte professionnel, les contraintes, les objectifs qui lui sont assignés.

La mise en perspective fait appel à l'interprétation des réactions, des réponses et des comportements de l'interlocuteur. Mais il faut prendre garde aux erreurs d'interprétation (également appelées inférences) : toute déduction devra être soumise au client pour ratification ou rectification.

Aide et soutien

Aider le client à définir ce qu'il recherche et à prendre une décision favorable et satisfaisante pour lui, est une attitude qui s'étend, au-delà de la période de la négociation, à l'assistance après la vente, à la vérification de la satisfaction à l'usage, à la résolution des réclamations.

Cette attitude implique une relation confiante et d'égal à égal avec l'interlocuteur, afin de préserver les intérêts de chacune des parties en construisant ensemble la solution, de rechercher une solution qui sera durablement satisfaisante et profitable pour l'acheteur et pour le vendeur.

Ceci s'oppose à la recherche d'un accord unilatéral au bénéfice du seul vendeur.

Engagement

S'engager c'est :

- ❖ se mobiliser pour agir, pour faire aboutir les négociations ;
- ❖ être fiable : les engagements pris sur les objectifs seront atteints ; les promesses faites seront tenues, tant vis-à-vis du client que vis-à-vis de l'entreprise.

L'engagement ne se prend pas à la légère, mais seulement si les bases arrières sont assurées : stock disponible, délai de livraison correspondant à la réalité, performances du produit au moins égales à ce qui est annoncé.

S'engager, c'est encore : être clair, solidaire et en accord avec sa société, ses dirigeants, son personnel, ses produits, et l'exprimer.

Ici on est à l'opposé du laxisme, de la molle bienveillance (on promet tout à tout le monde), de la défiance.

L'attitude de démission ou de fuite doit être dénoncée, dont les manifestations ont pour nom :

❖ promesses non tenues ;

❖ tromperies, mensonges ;

❖ esquive des problèmes et des difficultés ;

❖ report de la responsabilité d'une erreur sur d'autres ;

❖ flatterie du client ;

❖ désolidarisation des équipes de l'entreprise.

Énergie

L'attitude énergique se décrit comme la mobilisation de son intelligence et de sa combativité pour défendre sa cause ; elle se manifeste par la pugnacité, la persévérance, l'insistance que l'on met pour aller jusqu'au bout.

2

Qu'est-ce au juste que la vente ?

La vente a de telles connotations, souvent défavorables, spécialement dans notre pays, qu'il n'est pas inutile de procéder à une mise au point.

Qu'est-ce que vendre ?

Qu'est-ce que vendre ? Répondre à une question aussi simple paraît, à première vue, évident. Cependant, si certains pensent que la vente est un métier réservé à des « vendeurs nés », nombreux sont ceux qui pensent que vendre est à la portée de n'importe qui. Il est vrai que nous croyons personnellement que l'on peut révéler leurs qualités de vendeur à un nombre considérable d'individus, bien au-delà de ceux qui exercent une profession commerciale. Et en même temps, nous mesurons toute la difficulté que représente la formation à la vente – et donc la pratique de la vente – du moins si l'on veut pratiquer ce métier à un bon niveau professionnel.

Une idée erronée

Le formateur qui aborde un groupe de vendeurs expérimentés, mais sans qu'on leur ait proposé de méthode, doit d'abord affronter une fausse conception de la vente. Pour beaucoup, vendre consiste à proposer un produit, un service, un article, un bien à quelqu'un. Un peu comme certains marchands de tapis qui annoncent infatigablement leur collection à des personnes qui n'en veulent pas et qui n'en achètent que rarement.

Il faut cesser d'entretenir les vendeurs, et ceux qui pourraient se destiner à une profession commerciale, dans ce principe erroné que la vente consiste seulement à proposer aveuglément n'importe quel produit à n'importe qui :

❖ d'abord, parce que vendre dans ces conditions, c'est exercer un métier éprouvant : on déploie des efforts démesurés pour obtenir de bien faibles résultats. En outre, on se rend compte que l'on n'a en réalité rien vendu, et que seul le client qui avait ce jour-là un besoin a acheté, sans qu'on ait joué le moindre rôle dans son évolution ;

❖ ensuite, parce que pour réussir dans une vente où l'on ne prête guère attention à son client, ce qui est le cas de toute vente appuyée sur une argumentation standard, il faut disposer de produits affirmant de nettes supériorités sur les produits concurrents, et même capables de se vendre seuls par leur séduction propre. Il faut bien constater que, malgré l'intelligence et les efforts des services de marketing (mercatique), de tels produits ne sont qu'une petite minorité sur l'ensemble des marchés.

Qu'est-ce alors que vendre ?

L'instinct et la méthode

Vendre, c'est composer un accord avec un client, entre le produit que l'on vend et les besoins et la psychologie de ce client. La vente repose ainsi sur la connaissance de celui à qui l'on vend.

Certains vendeurs, d'instinct, devinent ce que l'interlocuteur attend et comment il faut le lui dire. On les appelle les vendeurs-nés. Nous en avons rencontré, mais ils sont peu nombreux. De plus, nous ne sommes pas certain que, sur une longue période de temps, une personne moins douée, mais appliquant intelligemment les méthodes que nous préconisons, n'obtienne pas de bien meilleurs résultats.

La méthode contre l'instinct ? Mieux, la méthode pour favoriser l'instinct.

Deviner le client ? Peut-on deviner les besoins et la psychologie du client pour mieux le comprendre et mieux lui vendre ?

Vendre, c'est composer un accord avec un client, entre le produit que l'on vend, et les besoins et la psychologie de ce client.

En réalité, il ne s'agit pas de deviner, ce qui laisse trop de place aux inférences[1], donc aux erreurs d'appréciation. Pour connaître un individu, il faut le découvrir. Et pour le découvrir, il faut le faire parler, aussi naturellement et sincèrement que possible. Vous trouverez dans cet ouvrage les formulations nécessaires, et dans *Les techniques de la vente*[2] l'explication en profondeur des méthodes de découverte et de leur raison d'être.

Une autre conception de la vente

Dès lors que l'on s'est intéressé au contexte d'utilisation du produit, du service ou de l'idée que l'on propose, au besoin de l'individu, à ce qu'il attend de ce qu'on va lui vendre, aussi bien sur le plan des satisfactions objectives que des satisfactions psychologiques, on serait impardonnable de ne pas inscrire le produit, le service ou l'idée dans cet ensemble.

Vendre, en définitive, c'est présenter son produit, non pas en partant de ce qu'on en pense soi-même ou de ce qu'en

---

1. Le phénomène de l'inférence résulte de la projection sur une réalité objective de points de vue, de préjugés fondés la plupart du temps sur des expériences antérieures ou des croyances et qui modifient cette réalité au point de la déformer, avec pour conséquence de fausser les conclusions que l'on peut en retirer.
2. René Moulinier, *Les techniques de la vente*, Éditions d'Organisation, 2003.

pense le fabricant, mais au contraire en s'appuyant sur ce qu'en attend notre interlocuteur.

On comprend ainsi qu'il ne peut plus y avoir d'argumentation standard, énoncée automatiquement à chaque client, sans discernement, mais au contraire, à partir d'un argumentaire très complet, une sélection, judicieusement adaptée aux besoins et à la psychologie de votre vis-à-vis.

On mesure aussi la plus grande richesse des métiers de la vente où l'attention à l'autre et sa compréhension deviennent des qualités fondamentales, venant s'ajouter aux qualités de contact, de courage, de combativité et d'optimisme propres aux vendeurs.

Vendre consiste à rechercher un ACCORD. Vendre, c'est faire correspondre les avantages de votre produit (article, bien d'équipement, service) aux besoins et aux motivations de votre client.

Pour bien vendre, il faut se mettre à la place du client.

Pour bien vendre, il faut partir du problème que se pose ou peut se poser votre client et y faire coïncider votre solution.

Savoir vendre, c'est apporter la réponse qui convient à la question : « Que dois-je faire pour obtenir l'accord final ? »

Votre interlocuteur attend de vous une solution à son problème d'achat, d'approvisionnement, de service. Tout ce qui ne s'adresse pas directement à lui, à ce qu'il est, à ce qu'il croit être, ne l'intéresse pas.

3

Attitudes favorables

Voici quelques principes qui vous aideront à gouverner votre comportement et vos expressions.

Vous êtes porteur d'une bonne nouvelle : vos produits vont apporter une bonne solution ou permettre à votre client de faire des affaires. Ce qui explique votre sourire et votre air détendu.

Pour négocier dans de bonnes conditions, naturellement, une relation d'égalité doit s'établir entre le client et le représentant. Ne vous excusez pas (bannissez : « Je m'excuse de vous déranger »), ne soyez pas gêné. Vous parlez d'égal à égal avec votre interlocuteur.

C'est le vendeur qui pilote l'entretien de vente, avec tact et courtoisie (bonne éducation). Sinon, c'est le client qui achète et vous vous laissez faire.

Votre comportement reflète la puissance, la sérénité, la sûreté de l'entreprise. La courtoisie exprime la force. Même vis-à-vis de quelqu'un de désagréable, restez courtois et d'humeur constante.

Vous êtes dans les affaires pour faire des affaires. Inutile de camoufler que vous venez vendre. C'est un métier. Soyez fier de l'exercer. Vous êtes un professionnel de la vente.

Deux des qualités les plus importantes pour les vendeurs sont la rigueur et le courage :

❖ la rigueur s'exprime par la promesse tenue, par le sérieux des propos, par l'attention portée à chaque client, par l'organisation du travail du vendeur (régularité ou irrégularité calculée des passages, dossier du client à jour, etc.) ;

❖ le courage se manifeste – même quand on est représentant multicarte – par la solidarité avec le siège ou l'usine, aussi bien dans ses erreurs que dans ses succès ; vous partagez les responsabilités de l'entreprise : rejeter une difficulté sur « les autres services », c'est faire considérer par son client que l'on ne sait pas affronter les reproches (les orages parfois…), c'est se dévaloriser à ses yeux.

4

Ne foncez pas, tête baissée, chez votre premier client

Par impatience d'en découdre et de mettre à l'épreuve vos capacités, ou bien pour calmer votre appréhension de ce que vous considérez comme un examen de passage qu'il vous faut réussir, vous êtes peut-être tenté de vous rendre le plus vite possible chez votre premier client.

Cependant, avez-vous réfléchi au déroulement possible de cette visite ? Si ce n'est pas le cas, vous risquez fort d'être pris au dépourvu par la tournure de l'entretien. Il vous faut donc vous armer pour affronter ce client ou ce prospect. Non parce qu'il vous sera hostile, mais simplement parce que vous ne le connaissez pas et que vous ignorez ce qui vous attend.

Se préparer, c'est faire défiler par avance le film de l'entretien de vente.

Il vous faut vous préparer. Se préparer, c'est faire défiler par avance le film de l'entretien de vente, étape par étape, pour envisager ce que vous allez faire et dire, et ce que vous allez éviter de faire et de dire.

Le succès de toute négociation ne tient pas d'abord au brio du vendeur ; il est obtenu grâce à la préparation minutieuse qui précède la visite. Même les vendeurs les plus chevronnés ne contesteront pas cette affirmation.

L'interprétation géniale d'une œuvre par un musicien lors d'un concert public, le tir au but d'anthologie dans une compétition sportive, ne sont pas l'effet du hasard, mais le résultat de milliers d'heures d'exercices et d'entraînement.

Réussir une vente, c'est 85 % de préparation et 15 % d'inspiration.

Improviser, en tablant sur son bagou et son aisance apparente, est le plus court chemin pour parvenir à l'échec.

Préparez votre visite

❖ Cette visite est-elle opportune ?

❖ Est-ce le moment ?

❖ Pourquoi cette visite ?

    – pour progresser dans une négociation ?

    – pour prendre une commande ?

    – le téléphone ne suffirait-il pas ?

    – pour présenter un nouveau produit ?

    – pour « découvrir » un prospect ?

    – pour faire signer un contrat ?

    – pour négocier un litige ?

❖ Comment préparer la visite ?

Une visite utile est celle qui fait progresser positivement un client. Il ne peut être question d'improviser.

Une visite se prépare par écrit, en utilisant sa fiche de client.

Une visite est une séance de travail.

Plan type de la préparation de visite

Certaines questions ne vous seront utiles qu'à partir de la deuxième visite ; mais nous pensons que vous allez réussir vos premières visites et que vous allez créer, dans la plupart des cas, un courant d'affaires qui nécessitera des visites régulières.

❖ Qui voir ?

❖ avec quels objectifs de visite ?

❖ quels sont les éléments de situation ?

- ❖ chiffre d'affaires depuis le début de l'année ? avance, étale, retard par rapport à l'année précédente ?
- ❖ progression ou régression sur quels produits ?
- ❖ concurrence en place ?
- ❖ commandes reçues, état de leur exécution ?
- ❖ difficultés signalées ?
- ❖ thèmes à aborder au cours de la visite ?
- ❖ tactique pour aborder ces thèmes (dans quel ordre ? quelles sont les priorités que vous placerez en tête d'entretien ?) ;
- ❖ préparation de quelques formules pour vous sentir plus à l'aise (ce qui ne signifie pas que vous les utiliserez toutes) ;
- ❖ quels produits devez-vous mettre en évidence ?

Entraînez-vous à la prise de contact avec votre premier client

Réussir la prise de contact en révélant d'emblée sa personnalité d'homme (ou de femme), son professionnalisme, en créant un bon climat, c'est se donner les meilleurs atouts pour la suite de l'entretien de vente : le client ou le prospect mobilise pour vous son attention.

Au début de votre entretien de vente en prospection :

- ❖ ne commencez pas par proposer quelque chose ;
- ❖ ne commencez pas votre argumentation.

Pourquoi ? Parce que vous ne connaissez pas votre interlocuteur (ses besoins, sa psychologie).

Avant de vous engager dans l'entretien de vente propre-
ment dit :

❖ ayez le souci de vous situer clairement par rapport à
votre interlocuteur ;

❖ expliquez sobrement, de façon concise, ce que
fabrique votre entreprise ;

❖ surtout, ne vous lancez pas dans votre argumentation,
même si votre interlocuteur vous incite à le faire (« De
quoi voulez-vous m'entretenir ? », « Que me proposez-
vous ? », « Quelles sont vos supériorités ? »).

Les six points de votre première prise de contact

1. Saluez : « Bonjour Monsieur, bonjour Madame ».

2. Créez une bonne ambiance : SOURIEZ (un sourire heureux et naturel).

Vous rencontrez une PERSONNE, vous voulez
engager une relation personnelle : regardez votre
interlocuteur dans les yeux. Plus précisément regardez
AUTOUR de ses yeux, de temps en temps, mais sans
insister pour ne pas le mettre mal à l'aise.

3. Identifiez votre interlocuteur (si ce n'est déjà fait).

« Vous êtes sans doute Monsieur Legarec » (et vous
enchaînez sur : « enchanté », « très heureux »,
« heureux de vous rencontrer », ou même
simplement : « bonjour Monsieur »).

4. Présentez ou rappelez les activités de l'entreprise dont vous vendez les produits ou les services.

5. Présentez-vous.

« Patrick Martineau, société A... » (tendez ou posez sur le bureau votre carte de visite).

- Précisez votre titre : « Délégué commercial pour la Charente-Maritime », si cela vous paraît utile.
- NE DITES SURTOUT PAS « je suis MONSIEUR Martineau » : cela vous vieillit inutilement si votre vocation de vendeur est tardive, et si vous êtes jeune, vous vous campez en personnage prétentieux, ce qui vous desservira.
- ÉVITEZ tout énoncé du type « Martineau Patrick », cela a des relents d'administration poussiéreuse.
- Quant à vous, mesdames, il est admis (comme le font journalistes et femmes politiques) que vous vous présentiez également avec votre prénom précédant votre nom : « Je suis Estelle Ferrandi ». Se nommer en vous donnant du « Mademoiselle Ferrandi » ou « Madame Barjavel » a le charme suranné de l'ancienne France.

6. Expliquez le but de votre visite. Soyez bref, clair et précis.

« J'ai souhaité vous rencontrer pour... » (et proposez un ordre du jour, comme nous vous le recommanderons page 50).

Puis-je vous faire une suggestion ? Elle consiste à vous demander d'écrire sur une feuille de papier votre « numéro de présentation », avec votre propre vocabulaire.

On y trouvera tout ou partie de ce que nous vous recommandons de dire :

* salutation ;
* identification de l'interlocuteur ;
* mots indiquant votre plaisir de le rencontrer ;
* énoncé de votre prénom et de votre nom, accompagné éventuellement du titre de votre fonction ;
* annonce de l'objet de votre visite ;
* proposition d'un ordre du jour et suggestion de le faire compléter par votre interlocuteur (écrivez cet ordre du jour) ;
* ce que vous allez dire BRIÈVEMENT pour présenter votre entreprise ;
* votre présentation personnelle (expérience, connaissances) ;
* et après que votre client se sera lui aussi présenté, quelle introduction allez-vous donner à la découverte ? (centrage sur un point sensible ou question ouverte).

Une fois votre « numéro de présentation » écrit, apprenez à le dire devant un miroir pour observer l'expression de votre visage (notamment votre regard et votre sourire).

Parlez lentement (pas trop lentement) et distinctement (en articulant bien). Si un enchaînement de mots est difficile à prononcer ou ne sonne pas bien, révisez votre texte.

N'arrêtez cet exercice que lorsque vous serez parvenu à exprimer votre « numéro de présentation » avec le plus grand naturel, teinté d'un zeste de dynamisme et de gaieté.

Quels effets obtiendrez-vous en suivant nos prescriptions pour conduire le début de votre première visite, et ensuite de toutes vos visites ?

Votre interlocuteur, passé un bref moment d'attentisme et d'observation (vous lisez dans son esprit : « Qui est-il ? Que me veut-il ? Que vaut-il ? Va-t-il comme tant d'autres me faire perdre mon temps ? »), va passer à un registre différent qu'il ne vous livrera pas plus, mais que vous comprendrez à sa façon de vous regarder, de vous écouter et même de vous répondre (« Voilà quelqu'un qui a l'air de savoir conduire un entretien de vente ; on est dans ce qui est essentiel dès le début ; le temps de l'entretien est bien utilisé ; de plus le plan annoncé de notre entretien laisse prévoir une organisation rigoureuse ; le principal est exposé sans parlottes inutiles ; je ne sais pas encore si je vais traiter avec lui, mais il a su m'intéresser parce qu'il s'intéresse à moi, aux préoccupations de mon métier et qu'il a peut-être des solutions que je vais examiner. De plus, sa façon directe de s'adresser à moi, son aspect sympathique me plaisent bien ; peut-être que ça dissimule quelqu'un avec qui il faudra compter quand on va parler de gros sous ; mais ça vaut infiniment mieux que tous ces individus insignifiants, qui ne savent pas conduire un entretien de vente et qui croient s'en tirer en me flattant servilement... »).

5

Réussissez vos prises de rendez-vous

La prise de rendez-vous par téléphone est la première difficulté qui vous attend. Nous allons en déjouer les pièges.

Téléphoner à un prospect ou à un client pour obtenir un rendez-vous, ce n'est surtout pas s'engager dans la négociation qui sera l'objet de votre visite.

Prendre un rendez-vous par téléphone, ce n'est pas vendre au téléphone. Si votre interlocuteur veut s'engager dans cette négociation, préparez votre esquive. Ne perdez pas de vue votre seul objectif : convenir d'un rendez-vous.

Quand on prend rendez-vous par téléphone, on ne vend que le rendez-vous.

Les phases de la prise de rendez-vous par téléphone

Après avoir décliné votre nom et celui de votre société, vous exposez à votre interlocuteur les raisons pour lesquelles vous souhaitez le rencontrer.

Pour obtenir son attention favorable, il faut évoquer une ou deux questions mal résolues, ou qui pourraient être mieux résolues par ce que vous allez lui présenter… au cours de l'entretien.

Parlez-lui en utilisant le « vous » et non en disant « je ».

Votre interlocuteur risque de refuser et va se justifier. Préparez-vous à répondre à toute une série d'objections (voir ci-dessous). De vos réponses, ou de vos contournements des objections, dépend l'atteinte de votre objectif : obtenir un rendez-vous.

Il s'agit maintenant de fixer le rendez-vous en offrant un choix entre les différentes possibilités. Vous procédez par alternatives successives (choix entre deux oui). Vous aidez votre interlocuteur à se décider.

Par exemple : « Que préférez-vous : à la fin du mois ou au début du mois suivant ? En début, au milieu ou à la fin de la semaine ? Jeudi ou vendredi ? Matin ou après-midi ? 14 h ou 15 h ? »

Puis vous verrouillez : « Nous disons donc vendredi 12 mars à 14 h. »

Enfin vous rassurez : « Pour le cas où vous auriez un contretemps, soyez aimable de me prévenir par téléphone : Patrick Delavente, 06 46 58 22 40. »

Améliorez votre taux de réussite au téléphone

Pour améliorer vos performances de prise de rendez-vous par téléphone, faites-vous précéder par un émissaire, mailing, courriel (e mail) ou télécopie.

Le rôle de ce message est double :

❖ d'une part, faire connaître ou rappeler le nom de votre entreprise ;

❖ d'autre part, amorcer la démarche de vente en donnant envie au client de vous rencontrer, et donc d'accepter le rendez-vous que vous lui proposerez quelques jours après l'envoi.

À cet effet, exposez dans votre mailing ou votre courriel un ou plusieurs problèmes qu'il n'arrive pas à résoudre.

Comment les deviner ? En vous inspirant de vos entretiens avec d'autres clients placés dans une situation identique (voir ci-dessous).

Votre texte, nécessairement bref, sera rédigé en employant les termes et les expressions que vous aurez captés chez vos autres clients.

Dramatisez le problème en évoquant les conséquences issues de sa non-résolution. Faites entrevoir une solution que vous ne révélerez pas dans votre écrit, mais seulement s'il vous reçoit.

Comment détecter les « problèmes mal résolus » ?

Le processus part des caractéristiques du produit que vous vendez :

❖ descriptif, composants, composition, avantages prouvés, supériorités sur ses concurrents, utilisations centrales et périphériques par ceux qui l'ont déjà acquis ;

❖ conséquences dommageables pour l'utilisateur de l'absence ou de la défaillance d'un des composants du produit (premier élément de dramatisation) ;

❖ évaluation des coûts direct et indirect de la défaillance ou de la moindre performance du produit actuellement utilisé par le client (deuxième élément de dramatisation).

Le « problème mal résolu » est constitué par les absences de performance du produit en place, ou leur insuffisance, et leurs répercussions sur l'organisation, sur la productivité et sur les coûts de fonctionnement du client.

Le message préalable à l'entretien met en alerte celui que vous allez visiter, en lui laissant entrevoir qu'une « solution plus favorable existe », solution que vous ne dévoilerez ni dans votre courriel, ni lors de l'appel téléphonique. Se faire désirer, c'est cela : laisser entrevoir quelque chose d'attractif, mais différer sa révélation.

Quand vous prendrez rendez-vous par téléphone, continuez à vous faire désirer : votre interlocuteur vous interrogera sur ce que vous voulez lui proposer. Ne cédez pas, éludez la réponse. Vous désirez un face-à-face. Il faut donc vous montrer résolu et ne pas céder à l'envie légitime de votre client de savoir ce que vous allez lui dire.

Nous rappellerons de plus que, tant que vous n'avez pas fait la *découverte* du client, il vous est difficile de comprendre ce dont il a besoin, en quoi ce besoin le concerne et l'intensité de son attente d'une solution. Ce que vous pourriez dire au téléphone n'aurait qu'une portée générale et pourrait être facilement récusé par votre client.

La prise de rendez-vous par téléphone suppose que le fichier des clients de votre ordinateur portable soit parfaitement renseigné !

Choisissez, pour appeler, un moment où vous ne serez pas dérangé et où vous serez en forme.

L'amabilité est de mise. N'oubliez pas de sourire, le sourire s'entend au téléphone.

Parlez d'une voix forte (pas trop) et assurée. Articulez.

Nous vous déconseillons de téléphoner en conduisant, même avec un dispositif « mains libres », parce que la circonstance n'est pas optimale (bruit dans l'habitacle, sécurité de conduite, zones de mauvaise réception). De plus, votre client, s'il perçoit que vous lui téléphonez en conduisant, estimera à juste titre que vous travaillez d'une façon négligée et brouillonne, et qu'il n'a pas les égards qu'il mérite.

Maîtrisez les objections de la prise de rendez-vous

Inévitablement, parce que l'on ne vous connaît pas encore, vous serez exposé à quelques objections lors de la prise de rendez-vous par téléphone. Vous les contournerez en souplesse.

Voici les plus courantes et le traitement que nous vous suggérons :

Écrivez-moi

« Naturellement il m'est tout à fait possible de vous adresser une correspondance, mais celle-ci ne peut être que générale. Au cours d'un bref entretien, nous pourrons rapidement dégager s'il existe une possibilité de coopération plus avantageuse entre votre entreprise et la nôtre, et surtout répondre à quelques questions particulières que vous aimeriez poser à un professionnel de votre secteur d'activité. »

Cette objection sera facilement contournée si vous avez précédé votre appel de l'envoi d'un mailing ou d'un courriel (voir ci-dessus).

Envoyez-moi seulement votre catalogue

« Je peux évidemment me contenter de vous faire parvenir notre catalogue. Cependant l'expérience montre que, même quand un catalogue est bien fait, il ne permet pas de répondre à toutes les questions que vous pouvez vous poser. »

Puis proposer l'alternative :

❖ envoi du catalogue et visite quelques jours après pour répondre à vos questions : « Prenons date dès maintenant » ;

❖ port du catalogue : « Je vous apporte et vous présente notre catalogue, quel jour, quelle heure ? », etc.

Je n'ai pas le temps, je suis trop occupé

« C'est parce que votre temps est précieux que je prends rendez-vous… » ; « Pouvez-vous me dire à quel moment j'ai la meilleure chance de pouvoir aborder avec vous un entretien de cette importance (et vous rappelez, le moment venu, que votre interlocuteur vous a conseillé de prendre rendez-vous en février…) » ; « Pas le temps…

car vous pensez qu'un contact doit nécessairement durer longtemps ? »

Ça ne m'intéresse pas

« Voulez-vous dire par là que cette question n'est pas de votre ressort ? Qui me conseillez-vous de rencontrer dans votre entreprise à ce sujet ? »

Autre formulation : « Qu'est-ce qui, *a priori*, ne vous intéresse pas dans notre proposition de rencontre ? »

J'ai déjà mes fournisseurs

« Bien entendu, un responsable dans votre position a déjà constitué une sélection d'excellents fournisseurs. Mais il est important, n'est-ce pas, de pouvoir vérifier si une nouvelle proposition ne serait pas plus avantageuse. Cela ne prend pas beaucoup de temps de comparer ce que nous pouvons vous offrir, c'est pourquoi je souhaite vous rencontrer… »

Monsieur Z… vous rappellera

« Je vous remercie de me le proposer. Cependant il me semble préférable, puisque nous avons pris l'initiative de l'appel, de rappeler M. Z… au moment le plus favorable. Pouvez-vous me conseiller à ce sujet ? »

Il importe, en effet, de garder l'initiative.

C'est pour quoi ?

Pour devancer l'objection du manque d'intérêt que pourrait présenter la rencontre, on précédera l'appel par une lettre ou une télécopie (voir ci-dessus). Ce qui permet de préciser en réponse à « C'est pour quoi ? » : « Nous avons adressé une lettre à M. Z... sur les nouvelles solutions de... et nous voulions examiner avec lui sa position sur ce sujet. »

L'objection « C'est pour quoi ? » peut être évitée si vous adoptez une formulation telle que : « Jean-Jacques Delavente, Société N, Didier Martin est-il disponible ? » qui semble indiquer que vous vous connaissez déjà.

Téléphones portables

Les deux dernières objections sont devenues moins fréquentes, l'interposition d'une secrétaire étant de plus en plus improbable avec les numéros d'appel direct et les téléphones portables.

Par contre, avec le téléphone portable, votre interlocuteur peut être éloigné de son bureau et ne pas avoir son agenda sous les yeux. Son accord risque de ne pas être noté, donc oublié. Vous confirmerez systématiquement le rendez-vous par télécopie ou par courriel.

Répondeur

Si votre appel aboutit à une boîte vocale, laissez votre nom et votre numéro de téléphone, mais pas nécessairement celui de votre société (notamment si celle-ci n'est pas connue) pour augmenter les chances d'être rappelé. Néanmoins ces chances, selon notre expérience, sont assez faibles.

6

Premiers pas, premiers gestes, premières paroles

Les tout premiers instants d'une première visite à un client sont bien souvent négligés. On pense que l'essentiel est ailleurs, par exemple dans la qualité de l'offre que vous vous apprêtez à annoncer, et ainsi on ne s'attarde pas sur cet important moment.

Nous vous proposons, au contraire, de considérer ces premières secondes comme décisives, parce qu'elles conditionnent fortement la suite.

Examinons de près ce début de la visite, qu'on appelle aussi *prise de contact* ou *entrée en matière*. Vous êtes reçu, après votre demande de rendez-vous, par une personne qui a, par fonction, l'habitude de recevoir de multiples fournisseurs. Dans l'esprit de cet acheteur, consciemment ou non, chaque visiteur, et spécialement chaque nouveau visiteur, est examiné, décortiqué, analysé, soupesé, classé. Et souvent la première impression est considérée comme définitive.

Qu'examine-t-il, ce client ? Beaucoup de choses, en un clin d'œil : votre stature, votre corpulence, votre démarche, votre vêtement, votre visage et ce qu'il exprime, votre posture une fois assis, le son et le tonus de votre voix, ce que vous dites et ce que cela signifie, la façon dont vous engagez l'entretien. Tous ces éléments façonnent l'image que vous donnez de vous. Vous comprenez que cela ne peut être laissé au hasard. Nous avons déjà traité de votre apparence physique ; nous allons nous pencher sur ce début de visite.

L'entrée en matière

C'est un des moments clés de la vente. Votre « numéro de présentation » doit être particulièrement au point. On n'a jamais une deuxième chance de faire une première bonne impression.

Trois objectifs sont assignés à cette phase :

❖ impressionner favorablement votre interlocuteur ;
❖ impulser un rythme dynamique à la négociation ;
❖ s'engager rapidement dans la découverte.

L'entrée en matière sera, la plupart du temps, brève. Sobriété et style direct sont de rigueur pour arriver rapidement à l'objet de l'entretien.

Une nuance toutefois : il faut cependant tenir compte des usages. Dans certains pays ou certaines régions, la palabre est indispensable, qui a pour effet de prolonger la durée de cette phase préliminaire.

Pour impressionner favorablement votre interlocuteur, votre comportement émettra le message implicite que vous êtes un professionnel sympathique.

Professionnel par votre façon de vous présenter

* Attitude droite.
* Entrée en matière conduite efficacement :
  – salutation de l'interlocuteur ;

  – présentation de vous-même et de votre société – ou simple rappel si vous n'en n'êtes plus au stade des premières rencontres ;

  – annonce de l'objet de la visite ;

  – proposition d'un plan de travail.

Sympathique par votre comportement

* Expression du visage ouverte et souriante.
* Regard direct (sans excès).
* Poignée de main franche.
* Amabilité et courtoisie des premiers propos.

On n'a jamais une deuxième chance de faire une première bonne impression.

Tout chargé de négociation est un homme d'influence. Il lui revient donc d'imprimer son style et son rythme à l'entretien. Ce qu'il réalisera par l'annonce de l'objet de sa visite et la proposition d'un plan de travail.

L'annonce de l'objet de la visite

En réalité, l'objet avoué, l'objet réel pouvant être camouflé tactiquement, le but de l'entretien peut être annoncé de façon neutre, par exemple comme un échange professionnel sur un certain thème sensible ou d'actualité.

En voici quelques exemples : « La discussion actuelle au Parlement sur les nouvelles mesures de protection... », « Je viens pour un échange entre votre pratique de... et les moyens que nous pouvons mettre à votre disposition pour... »

Avant d'entrer dans le vif du sujet, il est bon que les personnages de l'échange se définissent l'un par rapport à l'autre : « Voulez-vous que nous fassions d'abord mutuellement connaissance... »

Cette première formulation est particulièrement adaptée à une première visite ; il est évident que vous avez tout intérêt à consacrer le début de l'entretien à la mise en situation des protagonistes. De plus, en vous présentant mutuellement, vous situez d'emblée l'échange entre personnes de même rang. On ne négocie bien que d'égal à égal. Cependant, n'y consacrez pas trop de temps : la concision est de mise.

Lors de cette présentation « personnelle », n'omettez pas de faire état d'éléments confortant à la fois la dimension sympathique et la dimension professionnelle de votre personnage. Ce sera, par exemple, votre bonne connaissance du secteur de vente, du métier de votre client, des relations professionnelles communes et valorisantes.

Cette *présentation* « personnelle » recouvre aussi l'entreprise dont vous êtes l'un des vendeurs. Si elle est bien connue, il n'est peut-être pas indispensable de rappeler ses activités.

Cependant, si ce que vous vendez concerne un département peu connu ou nouveau, il va falloir décrire brièvement les activités de ce service, sans pour autant commencer à argumenter.

Si vous n'êtes pas certain que votre client connaisse précisément les activités et les spécialités de votre entreprise, vous pouvez dire par exemple : « Je ne vous rappellerai pas que la Société KXM est le spécialiste de… »

Et quand vous visiterez une deuxième fois ce client (mais on n'est plus dans la situation de la première rencontre, thème de ce livre) : « En repensant à notre dernier entretien, il m'a semblé qu'une approche différente de votre préoccupation pouvait aboutir à une solution… »

La proposition d'un ordre du jour

Chaque étape d'une démarche de négociation doit être considérée comme une séance de travail pour les deux interlocuteurs, ou plus, réunis autour de la table.

Cette façon de procéder impulse un rythme dynamique à la négociation et permet de parvenir rapidement à l'étape de la découverte. Il s'agit également de cerner le champ d'investigation pour éviter d'embrasser un sujet trop large lors de la découverte.

Tout entretien de vente est une réunion de travail.

La proposition d'un ordre du jour donne l'initiative au chargé de négociation. L'ordre du jour est homogène à l'objectif et contribue à l'atteindre.

Naturellement, cet ordre du jour sera soumis – courtoisie oblige – à l'approbation de l'interlocuteur. On lui proposera de le compléter si besoin est.

Voici un exemple de formulation : « Si vous voulez bien, je vais d'abord vous présenter brièvement la Société S… puis vous me parlerez de votre entreprise, enfin nous aborderons la question de… Cela vous convient-il ? »

Dans le cas d'une deuxième ou d'une troisième visite, vous pourrez dire : « Voulez-vous que nous commencions par exposer ce que chacun a retenu des échanges de notre précédent entretien, puis nous explorerons plus avant les difficultés de réalisation dont vous avez fait état, enfin, il nous faudra nous pencher sur l'intégration de ce système dans votre chaîne de production… Auriez-vous un autre point à ajouter ? »

Un ordre du jour : Comment ? Pourquoi ?

Si l'on considère qu'un entretien de vente est une réunion de travail, comme toute réunion de travail bien organisée, il doit être cadré par un plan que l'on appelle l'*ordre du jour*.

Cet ordre du jour énumère les différents points qui seront abordés au cours de l'entretien et dans quel ordre.

L'ordre du jour aura été composé par vous pendant votre préparation de la visite.

Vous pouvez aussi proposer à votre client d'annoncer les questions qu'il souhaite aborder au cours de l'entretien. Ainsi, l'ordre du jour résultera des intentions de chacune des deux parties en présence.

L'ordre du jour peut très bien être rédigé à la main, du moment qu'il est écrit de façon lisible pour les deux interlocuteurs.

La dactylographie n'est pas indispensable ; elle donne même l'impression de quelque chose de figé. L'aspect impromptu de l'ordre du jour est le signe de votre adaptation souple à ce qui intéresse le client.

Pendant l'entretien de vente, l'ordre du jour sera placé entre les protagonistes, de façon à pouvoir être commodément consulté par chacun.

L'intérêt de l'ordre du jour est quadruple :

❖ il montre que vous avez une méthode de travail ;
❖ il vous distingue de tous les commerciaux qui se limitent au côté relationnel de la vente ;
❖ il permet de resserrer la durée de l'entretien, ce qui est apprécié par les deux parties ;
❖ il cadre la succession des points à aborder.

Retentissement de l'entrée en matière

Pour comprendre le retentissement d'une entrée en matière réussie sur la suite de l'entretien de vente, il suffit d'imaginer les conséquences d'une prise de contact maladroite.

Ce vendeur qui se précipite et parle fébrilement, trahissant ainsi son angoisse, celui-ci qui se complaît comme les représentants d'autrefois à parler d'abord de banalités sans rapport avec la visite (le temps, la circulation, etc.), celui-là dont d'un coup d'œil l'interlocuteur perçoit le manque d'aisance à cause de ses maladresses d'expression, ou encore celui qui répand dans le bureau de son client une forte odeur de transpiration, sont autant de personnages qui, par leur manque de savoir-faire ou de savoir-vivre, plombent l'impression qu'en reçoit l'acheteur dès les premières minutes de la rencontre.

Dès lors, une gêne, une réticence l'envahit qui mine la considération, non seulement du vendeur, mais aussi de l'entreprise qu'il représente (« Sont-ils tous aussi peu professionnels ou aussi rétrogrades chez ce fournisseur ? ») et des produits qu'il propose. La coopération attendue de l'interlocuteur lors de la découverte se fera réticente ; la découverte (si tant est que ce genre de vendeur la conduise correctement) étant insuffisante, toute la suite en subira la répercussion : proposition, argumentation et conclusion.

Inversement, une entrée en matière appréciée par le client, telle que celles citées ci-dessus, augure favorablement de la suite de l'entretien. Il y a là une interaction par laquelle ce que le client ressent heureusement se manifeste dans son attitude et son expression, ce qu'à son tour le vendeur capte et qui le stimule, et ainsi de suite par rebonds successifs entre les deux interlocuteurs tout au long de la négociation.

Souvent l'acheteur reçoit le vendeur davantage par conscience professionnelle que par plaisir.

Ennuyé à son habitude, il s'apprêtait une fois de plus à écouter le vendeur en ne songeant qu'à écourter l'entretien. Et voilà que, contrairement aux autres, ce vendeur-ci, par sa façon de se présenter et d'ouvrir l'entretien, lui a plu. Il s'est mis à observer le vendeur. Les regards des deux interlocuteurs se sont croisés. Et le vendeur a compris ce que les yeux du client lui renvoyaient : un signe d'intérêt, de satisfaction peut-être. En tout cas, une nette invitation à poursuivre. Cette impression favorable n'est pas réservée aux seuls vendeurs chevronnés ; elle est à votre portée, si vous soignez particulièrement le début de votre entretien.

Jeunesse, chance ou obstacle ?

Vous êtes jeune, et de plus, pour certains d'entre vous, vous paraissez encore plus jeune que ce qu'indique votre état civil.

Cela vous vaudra parfois quelques moqueries, pas nécessairement méchantes, mais qui peuvent vous déstabiliser. N'allez surtout pas vous maquiller outrageusement, mademoiselle, ou laisser pousser une épaisse moustache, jeune homme. Être et paraître jeune présente bien des avantages, ne les négligez pas. Tenez-vous prêt à répliquer, sans agressivité, à ces remarques qui ne demandent qu'à être écartées aussi spirituellement que possible.

On vous dira peut-être : « Vous êtes bien jeune ! », ou bien en présence de plusieurs personnes présentes dans le même lieu, à la cantonade : « Tiens, ils les prennent au biberon chez... » Ne vous démontez pas pour si peu. Plusieurs traitements sont possibles :

❖ « Je suis jeune, c'est évident : j'ai vingt-trois ans et je pense que, comme toutes les personnes qui ont de l'expérience, vous pouvez m'apporter beaucoup... » ;

❖ « C'est vrai que je suis jeune. Mais ne trouvez-vous pas bien qu'une société de l'importance et de la renommée de la nôtre fasse confiance à la jeune génération ? » (ce qui sous entend, mais vous vous gardez bien de le dire : et vous, ne croyez-vous pas aux capacités des jeunes ?).

Vous auriez pu également dire, un peu moqueur : « Ah... vous avez remarqué ? » (mais cette réplique un peu impertinente ne sera pas acceptée par tous) et continuer par l'une des réponses ci-dessus, ou par celle qui suit : « Je suis jeune et vous vous interrogez sans doute sur la compétence des jeunes ? Ceci me permet de vous dire que, dans notre entreprise, avant de lancer en clientèle les nouveaux collaborateurs comme moi, nous sommes mis à l'épreuve d'un certain nombre de situations : stage de mécanique, stage chez un transporteur, stage en service d'entretien de l'industrie, etc. De toute façon, rien ne vaut l'expérience réelle et je pense que j'ai beaucoup à apprendre de mes clients... »

En vous plaçant dans la position de disciple par rapport à un maître, vous flattez discrètement votre interlocuteur, puisque vous lui donnez le beau rôle de mentor, et vous évitez toute arrogance (qui en général est très mal supportée par un client, surtout quand son expérience semble contestée par l'aplomb d'un débutant).

7

Les apparences vous sont-elles favorables ?

Il n'est pas toujours facile de se voir avec les yeux des autres. Comment vous perçoivent-ils ? À quelle interprétation se livrent-ils de ce que vous leur présentez ? Stature, posture, visage, vêtement, équipement, voiture, etc.

Comment allez-vous être perçu par vos clients ?

Soyez, par votre comportement, par votre habillement, par vos méthodes de travail, celui que le client attend.

Vous vous préparez à rendre visite à un client : comment votre client va-t-il vous percevoir ?

Votre habillement

Comment êtes-vous vêtu ?

Quelle impression se dégage de votre vêtement (cravate, chaussures, chemise, veste, etc. pour les messieurs ; chemisier, tailleur, accessoires, etc. pour les dames) ? Net, propre, strict, adapté ?

Si vous visitez des personnes qui ne sont pas riches, ne portez rien d'ostentatoire, rien qui puisse susciter une envie. Ne soyez pas cependant vêtu de façon négligée ou sale.

Ne portez pas un vêtement fatigué : vous laisseriez supposer que vos affaires ne marchent pas bien.

Votre organisation

Et votre organisation ? Dans votre porte-documents ou dans la valise de l'ordinateur portable disposez-vous, bien à sa place, de :

❖ la fiche du client ?

❖ votre bloc pour prendre des notes ?

❖ le catalogue de vos produits ?

❖ le tarif, le barème hiérarchique, les promotions ?

❖ votre calculatrice de poche ?

❖ votre carte de visite ?

❖ votre stylo et des cartouches ou un stylo de rechange ?

Votre vêtement et votre porte-documents ne sont qu'un des éléments de ce que le client va percevoir immédiatement.

© groupe Eyrolles

On attend de tout vendeur qu'il soit tel que le client l'attend.

Votre comportement

LE SOURIRE

Apprêtez-vous à sourire Le sourire est un signe de sympathie adressé à l'autre. Ce qui suppose que vous connaissiez bien :

❖ votre visage et ce qu'il exprime (et si certains aspects ne vous semblent pas favorables, que faites-vous pour améliorer votre expression ?) ;

❖ votre attitude physique et ce qu'elle exprime (debout ou avachi, souple ou raide, démarche assurée, etc.).

Pour sourire, il faut mettre vos soucis – sans doute légitimes – entre parenthèses. Ils n'ont pas à interférer avec votre travail. Nous savons ce que cette demande a d'exigeant. Et si cela dépasse vos possibilités : ce jour-là, n'allez pas vendre, rangez vos dossiers...

L'EMPATHIE

Apprêtez-vous à rencontrer des personnes, à les écouter, à vous intéresser à elles :

❖ Avez-vous fait taire vos préoccupations personnelles (si légitimes soient-elles) au profit de votre disponibilité envers l'autre ?

❖ Allez-vous facilement et aisément vers l'autre ? Si non, comment analysez-vous cette retenue ? En avez-vous parlé à votre conjointe ou votre conjoint, à un ami, à votre chef des ventes ?

❖ Acceptez-vous l'autre tel qu'il est ?

❖ Le comprenez-vous (ce qui ne signifie pas l'admettre tel qu'il est sans rien faire ; vous êtes là pour le faire évoluer, c'est même votre rôle) ?

❖ Laissez-vous l'autre exister, tenir son rôle ? (Ou l'écrasez-vous habituellement par vos paroles ?)

❖ L'aidez-vous à s'exprimer ? (Ou parlez-vous à sa place, par exemple en finissant ses phrases ?)

❖ Savez-vous vous concentrer sur lui (ce qui est fatigant, c'est vrai) et l'écouter totalement ?

LA PERSONNALITÉ

Et votre personnalité même ? Qualités ? Faiblesses ?

❖ Vu de l'extérieur paraissez-vous bien dans votre peau ?

❖ Vous acceptez-vous tel que vous êtes, mais capable de progresser ?

❖ Quelles sont vos meilleures armes ?

Votre personnalité est en mouvement :

❖ Êtes-vous ouvert à vous-même ?

❖ Êtes-vous disponible pour vous transformer ?

❖ Êtes-vous disponible pour : enrichir votre esprit ? sortir de la routine ? apprendre de vos lectures, de votre journal, des évènements, de vos rencontres avec vos clients et vos amis ?

Mobilisez-vous pour votre visite

Vous êtes attendu comme un professionnel, par une ou plusieurs personnes qui seront prêtes à vous laisser mener le jeu si elles se sentent en situation confortable, en sécu-rité, par votre manière de faire.

Ceci est valable aussi bien pour la première visite que pour les visites suivantes.

8

Psychologie du client face à l'achat

Ce client que vous allez rencontrer pour la première fois, nous allons essayer de le comprendre. Nous tenterons, en quelque sorte, de soulever sa boîte crânienne et d'entrer dans ses pensées.

Ce client vit dans un certain contexte. Il exerce son métier dans une entreprise, une organisation ou une administration ; il a de l'expérience ; il connaît, parce qu'il les utilise, un certain nombre de produits concurrents du vôtre, directement ou indirectement. Peut-être connaît-il aussi déjà, au moins de réputation, le produit que vous êtes chargé de vendre.

Acheter c'est choisir

En rendant visite à votre client, en conduisant votre entretien de vente, vous le mettez dans l'obligation de prononcer un choix entre plusieurs solutions : la vôtre, une de celles proposées par vos concurrents, ou encore ne rien faire. (Ne rien changer à l'ordre de choses existant est aussi une solution.)

Aucune solution n'est parfaite. La vôtre n'échappe pas à cela, pas plus que la solution en place ou celle de votre principal concurrent.

Chacune des solutions envisageables par le client présente pour lui des avantages et des inconvénients. Et ne rien faire a aussi pour votre interlocuteur des avantages et des inconvénients.

Acheter c'est renoncer aux autres solutions possibles

Heureusement pour vous, votre client, sauf exception, n'a pas analysé en détail toutes les solutions possibles à sa préoccupation d'achat. Il n'a pas, en général, une claire vision des avantages et des inconvénients de chaque solution pour lui.

C'est donc vous qui, au cours de votre *découverte,* allez explorer la solution actuelle, les autres solutions éventuellement envisagées et les réactions de votre client à leur sujet.

On peut se demander pourquoi tous les clients n'adoptent pas tous la même solution. On peut s'interroger sur les raisons qui font que l'un trouve plus d'avantages que d'inconvénients à une solution, et pourquoi son voisin, placé dans un contexte identique, choisira une solution différente.

Sans doute parce que les avantages et les inconvénients ne sont pas perçus de façon identique par chacune des deux personnes. Même quand il s'agit de choisir un système informatique, un broyeur de cimenterie ou un dispositif d'assurance.

C'est ici qu'intervient la psychologie propre de chaque décideur. L'appréciation des avantages et des inconvénients varie d'une personne à l'autre, en fonction de sa représentation. Selon qu'il est personnellement très attaché aux solutions sans risque, ou au contraire désireux d'innover et d'aller de l'avant, selon qu'il met au premier rang de ses critères d'évaluation la facilité d'emploi, le gain de temps ou le prestige qu'il en retirera, son choix sera orienté d'une façon ou d'une autre.

Ce sont ces éléments que vous allez tenter de percevoir aussi clairement que possible au cours de la découverte :

❖ de la solution actuelle (le fournisseur en place), le client perçoit plus les avantages que les inconvénients ;

❖ de la solution que le vendeur vient de présenter, le client perçoit d'abord les inconvénients qu'elle va présenter pour lui (changement d'habitudes, comment se justifier auprès de son fournisseur actuel, etc.).

Pour tout client, acheter c'est choisir, mais aussi renoncer.

Tout l'art du vendeur va consister :

* ❖ non pas à présenter d'entrée de jeu sa solution (il risquerait l'affrontement) ;
* ❖ mais au contraire, à faire révéler par son client que, tout compte fait, sa solution actuelle n'est peut-être pas aussi favorable qu'il le pensait, et que la solution proposée par le vendeur mérite d'être essayée.

La découverte de la psychologie du client

Qu'il s'agisse d'une voiture ou d'une maison, qu'il s'agisse de mettre en place un dispositif d'assurances pour l'entreprise ou d'un micro-ordinateur, aucun achat, quelle que soit sa dimension financière, n'est une décision entièrement rationnelle.

S'il en allait différemment, chacun, à revenu égal, porterait le même vêtement, adopterait le même mode de vie, utiliserait les mêmes moyens de transport, investirait dans les mêmes solutions techniques.

Or, nous savons bien que les choix sont différents.

Les différences de choix tiennent aux différences psychologiques. Chaque personne, qu'elle agisse dans un cadre professionnel ou qu'elle prenne une décision d'ordre privé, se détermine en fonction de son profil psychologique propre.

Cependant, ce profil psychologique, cette « équation psychologique », on peut la comprendre de l'extérieur. Le vendeur est ainsi à même de déterminer les fondements psychologiques de son client. Et en ayant compris les dominantes psychologiques du client, il importe au vendeur de le guider, de l'orienter vers l'achat de son produit, en utilisant les motivations et en prenant en compte les freins psychologiques de celui-ci.

Comment pénètre-t-on la psychologie d'un client ?

❖ en le faisant parler ;

❖ en écoutant ce qu'il nous dit ;

❖ en observant que ses réponses sont inspirées par ses désirs psychologiques (motivations) et ses craintes (freins).

Les motivations d'achat sont de deux natures :

❖ les unes ont un caractère introverti et plutôt rationnel, telles que la sécurité, la commodité ou l'argent ;

❖ les autres ont un caractère extraverti, dynamique et à fort contenu affectif, telles que l'orgueil, la nouveauté, la sympathie.

Motivations d'achat personnelles

Motivations d'introversion

❖ Sécurité : se protéger contre les risques, maintenir son intégrité.

❖ Conformisme : se conformer à la règle commune, ne pas se faire remarquer, se soumettre pour éviter les ennuis.

* Commodité : recherche du confort, de la facilité d'emploi, éviter les efforts et la pénibilité, recherche du plaisir (hédonisme).

* Argent : avidité, besoin d'accumuler les biens matériels, trouver un prix avantageux ou un rapport qualité/prix favorable.

Motivations d'extraversion

* Orgueil : besoin de paraître, de manifester son pouvoir, sa puissance, sa réussite, attirance pour ce qui est prestigieux, estime de soi.

* Compétition : concourir pour gagner, pour dépasser ses semblables.

* Reconnaissance : obtenir l'estime de son entourage amical et familial, et, sur le plan professionnel, celle de sa hiérarchie ou de ses clients.

* Nouveauté : curiosité, goût de l'expérience inédite, attrait de l'inconnu, casser la routine, anticonformisme.

* Esthétique : attirance pour ce qui est beau, pour ce qui est harmonieux de forme, de couleur, de sonorité.

* Sympathie : altruisme, besoin d'appartenance, estime de soi (sympathie pour soi).

Motivations d'achat professionnelles

Quand la vente a lieu d'entreprise à entreprise, aux motivations d'achat personnelles présentées ci-dessus s'ajoutent d'autres motivations d'origine professionnelle qui déterminent deux grands types de clients[1] :

❖ le client à « logique technique » qui, confronté à une difficulté technique qu'il ne parvient pas à résoudre par ses propres ressources, est à l'affût des nouvelles solutions technologiques qu'il examinera avec intérêt et enthousiasme. Ce type de client est ouvert à l'innovation et aux solutions d'avenir. C'est un promoteur ;

❖ à l'opposé, le client à « logique d'achat industriel » est satisfait de l'état des choses existant. Il voit dans une proposition innovante davantage les perturbations et les risques qu'il encourt, et l'évalue en fonction de normes issues de la solution actuelle. Celui-ci est méfiant et conservateur.

Les ressorts moteurs, ou motivations, du client à « logique technique » sont, au nombre de huit, chacune étant portée par un ou des interlocuteurs privilégiés qui pourront être le « cheval de Troie » du fournisseur industriel.

Motivation commerciale

Interlocuteurs : directeur commercial, directeur du marketing, chef de produits, chef de marché.

Motivation :

❖ mieux servir ses propres clients ;
❖ fabriquer le produit réclamé en vain par ses clients ;
❖ modifier l'image (du produit, de l'entreprise) ;
❖ augmenter le chiffre d'affaires.

---

1. Selon Paul Millier, cité par René Moulinier, *Dictionnaire de la vente*, Vuibert.

Motivation concurrentielle

Interlocuteur : directeur commercial, directeur du marketing.

Motivation : rattraper ou dépasser ses concurrents dans une situation de concurrence acharnée.

Motivation financière

Interlocuteurs : directeur général, directeur industriel.

Motivation :

* réduire les investissements ;
* mieux utiliser les investissements existants ;
* éviter un investissement supplémentaire ;
* réduire les immobilisations et améliorer le compte de résultats ;
* produire plus économiquement ;
* augmenter la rentabilité.

Motivation industrielle

Interlocuteurs : directeur technique, directeur industriel, bureau des méthodes, bureau d'études, directeur de la qualité.

Motivation :

* augmenter la productivité ;
* trouver une solution exclusive à un problème technique récurrent et irritant ;
* instaurer ou maintenir une politique de qualité.

Motivation sociale

Interlocuteurs : directeur des relations humaines, comité d'hygiène et de sécurité.

Motivation :

* sauvegarder l'emploi ;
* réduire les effectifs ;
* réduire les nuisances pour le personnel.

Motivation réglementaire

Interlocuteur : directeur administratif, service juridique, directeur des relations humaines.

Motivation : réduire ou supprimer les sources de bruit, de pollution, d'odeur, de nuisances en fonction de la vaste panoplie de normes, de lois, d'ordonnances, de décrets et de circulaires contraignantes, mais également en vue d'obtenir des aides ou des subventions de type fiscal.

Motivation environnementale

Interlocuteur : dans certaines entreprises, « Monsieur Environnement ».

Motivation :

* respecter l'écologie, comme argument commercial ou comme facteur d'image auprès de la clientèle ou des pouvoirs publics ;
* être autonome face à une ressource qui se raréfie (eau, par exemple).

Motivation stratégique

❖ rester indépendant face à un monopole ;

❖ préférence pour des fournisseurs d'une certaine nationalité ;

❖ recherche de diversification.

Qu'il agisse pour ses propres achats personnels ou familiaux ou qu'il exerce ses fonctions au sein d'une entreprise ou d'une administration, chaque individu n'a pas en lui le même poids, la même dose de chacune des familles de motivations. On dit que les « cocktails de motivations » sont différents.

Écoutez vos clients. Cherchez à percer ce qu'ils vous disent de leur psychologie, derrière leurs réponses. Définissez pour chacun son cocktail de motivations.

Votre argumentation (page 106) prendra d'autant plus de force que vous sélectionnez vos arguments en fonction des motivations dominantes.

Non pas parce que vos arguments seront nouveaux. Mais parce que vos arguments seront choisis et personnalisés en fonction de ce que le client vous a révélé de lui, au cours de la découverte, et donc de ce qu'il attend.

C'est un des grands secrets d'une vente réussie.

9

Le scénario gagnant

Chaque vente est unique, chaque vente est différente de toutes les autres et, en même temps, toutes les ventes, si on veut les conduire convenablement, sont structurées selon le plan que nous présentons et commentons ci-dessous ; et ce, quelle que soit la durée de l'entretien, et même, quel que soit le nombre de séances de négociation nécessaires pour aboutir à un accord entre le vendeur et l'acheteur.

Voici en pratique comment vous allez dérouler votre entretien. Le schéma ci-après est en quelque sorte la charpente de tous les entretiens de vente que vous conduirez, dépouillée de toutes les incidentes propres aux différents entretiens.

Le scénario gagnant

(déroulement schématique de la vente)

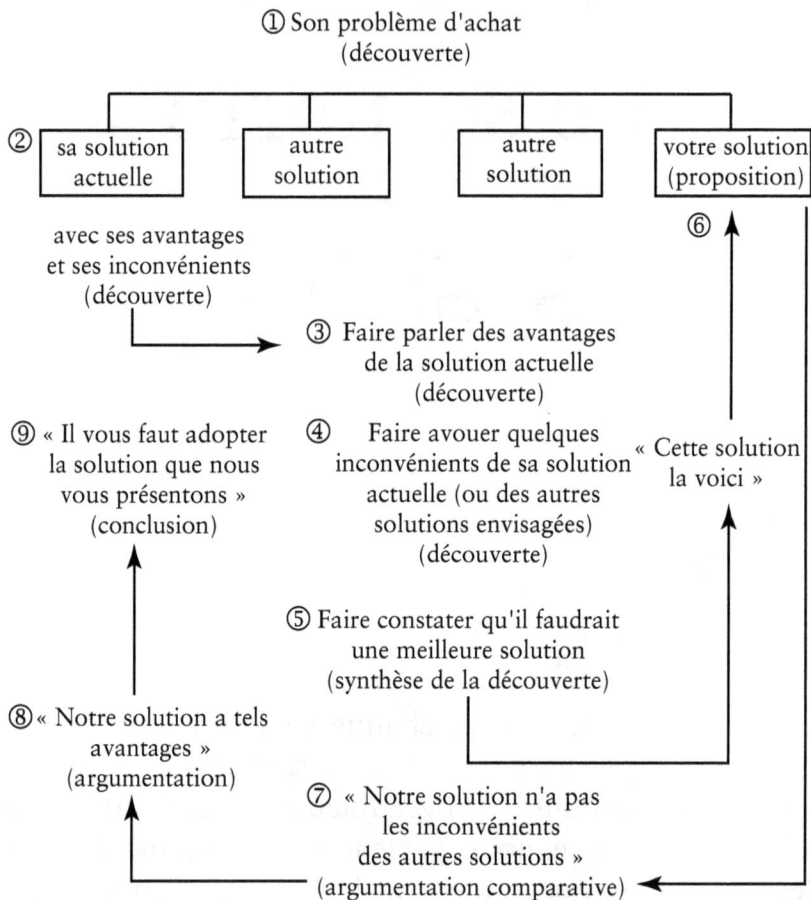

① Son problème d'achat
(découverte)

② sa solution actuelle	autre solution	autre solution	votre solution (proposition)

avec ses avantages
et ses inconvénients
(découverte)

③ Faire parler des avantages
de la solution actuelle
(découverte)

⑨ « Il vous faut adopter
la solution que nous
vous présentons »
(conclusion)

④ Faire avouer quelques
inconvénients de sa solution
actuelle (ou des autres
solutions envisagées)
(découverte)

⑥

« Cette solution
la voici »

⑤ Faire constater qu'il faudrait
une meilleure solution
(synthèse de la découverte)

⑧ « Notre solution a tels
avantages »
(argumentation)

⑦ « Notre solution n'a pas
les inconvénients
des autres solutions »
(argumentation comparative)

Les neuf séquences du scénario

La question que vous vous posez probablement, est celle
de savoir comment vous allez pouvoir influer sur la décision de votre client, pour l'infléchir en faveur du produit
ou du service que vous voulez lui vendre.

Vous avez aussi compris (voir page 22) que nous vous recommandions de ne pas commencer à parler de votre produit ou service, ni non plus à argumenter, tant que vous ne connaissiez pas les critères de choix, objectifs et subjectifs, de celui que vous rencontrez.

Vous vous rappelez également (voir page 62) que tout client ou prospect[1], quand il est exposé à l'offre d'un vendeur, a toujours le choix entre deux solutions : accepter ou rester inerte. Ne rien faire est aussi une solution. Pour peu que plusieurs fournisseurs le visitent, cet interlocuteur est confronté à une multiplication des solutions qui s'offrent à lui pour satisfaire son besoin ①.

Nous avons enfin relevé que chaque solution ou, si vous préférez, chaque produit ou service proposé présente pour lui des avantages et des inconvénients, et en particulier sa solution actuelle ②.

Votre tactique va alors consister à le faire parler, d'abord, de ce qu'il apprécie dans sa solution actuelle ③. Votre client sera d'autant plus enclin à répondre qu'il pensera : « Tiens, c'est curieux, ce vendeur cherche à se faire décourager en me demandant ce que j'apprécie chez mon fournisseur actuel, qui est pourtant son concurrent ; mais s'il y tient… »

Cette étape de la vente s'appelle la *découverte*. Nous y reviendrons plus loin (voir page 79).

---

1. Est désigné ainsi toute entreprise, administration ou tout particulier qui n'est pas en relation d'affaires avec un fournisseur et que celui-ci espère transformer en client.

Cependant, pendant que votre client parle, vous classez immédiatement dans votre esprit ce qu'il vous dit dans plusieurs « paniers » :

❖ premier panier : les avantages qu'il annonce, votre produit ou service a les mêmes ; vous utiliserez cela quand vous argumenterez ; faire jeu égal est un aspect intéressant ;

❖ deuxième panier : vous y mettez les caractéristiques positives de votre concurrent ; votre produit n'a pas cet avantage : soit vous vérifierez l'intérêt pour lui de ces qualités (il n'est pas sûr qu'elles soient déterminantes), soit vous évitez d'en parler, en quelque sorte pour les faire « oublier ».

Nous l'avons souligné : aucun produit n'est parfait. Il faudrait que votre client parle spontanément des inconvénients éprouvés à l'expérience. Mais il est peu probable qu'il dira quelque chose à ce sujet.

Si c'est vous qui critiquez, votre interlocuteur peut ressentir vos observations comme des contestations de son choix.

Il vous faut donc parvenir à lui faire émettre des critiques *sans qu'il s'en rende compte*. Vous y parviendrez en lui demandant « ce qu'il aimerait améliorer ». En répondant à cette sollicitation, immanquablement, il va faire état d'évaluations négatives ④.

Vous allez alors remplir mentalement deux nouveaux « paniers » :

❖ l'un recueillera les points faibles de la solution en place que votre produit ou service n'a pas ; c'est votre troisième panier.

❖ l'autre, le quatrième panier, recevra les points faibles que vous partagez avec le concurrent en place. Ici encore, vous essayerez de faire passer ces points faibles partagés à la trappe.

Si vous analysez, toujours intérieurement, le contenu des quatre « paniers », vous observez l'intérêt pour votre argumentation des « paniers » 1 et 3, spécialement le troisième, car il va vous permettre de faire espérer à votre interlocuteur une meilleure solution, une solution qui le débarrasse de quelques inconvénients et qui lui permet de garder les « mêmes » avantages, c'est-à-dire ceux collectés dans le premier « panier » ⑤.

Attention cependant, votre vis-à-vis n'a peut-être pas oublié le contenu des « paniers » 2 et 4 : cela donnera lieu à des questions et des objections dont nous vous parlerons plus loin (voir page 113).

Pour le moment, vous allez résumer ce que vous avez entendu, réorganisé en « paniers ». Cela peut se dire ainsi :

❖ « J'ai prêté une grande attention à vos propos sur votre expérience du produit que vous utilisez actuellement (que vous ne citerez pas). Au fond, pour vous, si vous conserviez tels avantages (ceux du panier n° 1) et que vous n'ayez plus les inconvénients suivants (ceux du panier n° 3), nul doute que vous estimeriez pouvoir améliorer votre exploitation, n'est-ce pas ? »

❖ « Une telle solution existe : la voici. »

À présent, vous allez proposer votre produit ou service ⑥.

Vous êtes bien placé pour tenir le langage auquel sera attentif votre client, pour la simple raison qu'en le faisant parler de son expérience, il vous a livré la plupart des bons arguments auxquels il est sensible : ce sont les siens !

De plus, vous pouvez affirmer que votre solution n'a pas les inconvénients du produit ou service en place, et qu'il a par contre autant de qualités, car, ici encore, vos propos sont alimentés par ce que vous a dit votre interlocuteur ⑦ et ⑧.

Votre argumentation fera état, si nécessaire, d'innovations dont il n'a pas été question lors de la découverte, susceptibles d'intéresser votre client ⑧.

À la fin de cette argumentation, vous devez entraîner votre client à accepter votre offre. Vous le conduisez à la conclusion ⑨.

Vous avez remarqué, au passage, la solide logique qui préside à l'enchaînement des étapes de cette démarche.

Vous êtes aussi sensible au respect du client qu'implique une telle démarche, car loin de le violenter en lui imposant un raisonnement qui ne tient pas compte des particularités de sa situation, elle part de son expérience et de ce qui la conditionne, pour lui proposer une amélioration du triptyque : besoin – solution – performance.

Si vous avez intégré ce scénario dans votre esprit, et si désormais il structure toutes vos démarches de vente, vous avez fait un très grand pas dans la compréhension des techniques de la vente. Vous êtes apte à exercer en bon professionnel le métier de vendeur.

Mais il faut « habiller » cette charpente. C'est ce que nous allons faire dans les pages qui suivent.

Les huit phases de l'entretien de vente

Tout entretien de vente comporte nécessairement les huit phases suivantes :

* entrée en matière ;
* découverte ;
* synthèse de la découverte ;
* proposition ;
* argumentation ;
* traitement des objections ;
* conclusion ;
* prise de congé.

Chaque phase de la vente sert de fondement à celle qui lui succède et trouve sa légitimité (ou les raisons de son insuccès) dans celles qui l'ont précédée.

10

La découverte
du client

La découverte du client est la clef de voûte de toute vente. Proposer votre produit et argumenter sans savoir à qui vous avez affaire, c'est, soit déployer un océan d'efforts pour arriver à un maigre résultat, soit risquer de passer à côté de la cible.

Pour apprendre à connaître le besoin de votre client – ou pour l'aider à clarifier ce besoin, car il n'a pas toujours une claire conscience de ce qui lui est nécessaire –, pour situer ses dominantes psychologiques par rapport à l'achat qu'il est susceptible d'effectuer, il faut le découvrir. Il faut donc le faire parler.

Vendre, c'est d'abord écouter et chercher à comprendre.

Pour réussir votre découverte :

- ❖ il vous faut savoir converser avec votre client (page 91) ;
- ❖ il vous faut un plan de ce que vous voulez savoir (page 86) ;
- ❖ il vous faut des points de repères psychologiques simples (page 65).

Vendre, ce n'est pas seulement argumenter. Vendre, c'est d'abord écouter et chercher à comprendre. Une grande vente, un vendeur professionnel se reconnaissent à la qualité et à l'habileté de la découverte.

Comment pratiquer la découverte ?

Faire parler le client ? Mais sur quoi donc ? Comment parvenir à ce qui nous intéresse, c'est-à-dire son témoignage sur le produit qu'il utilise, ce qu'il apprécie et ce qu'il regrette à son sujet ? On ne peut pas parler de ça dès le début de la visite. J'en suis resté au moment où, après s'être mutuellement présentés, j'ai proposé un plan d'entretien. Comment vais-je enchaîner ?

Votre plan d'entretien étant approuvé ou amendé de quelques compléments, vous lancez ce qui ressemble à une *conversation*, mais qui dissimule une investigation, ou, si vous préférez, le recueil d'informations dont vous avez besoin pour présenter votre produit ou service sous l'angle le plus favorable pour que le client l'adopte et l'achète.

Conduisez votre découverte sur le ton de la conversation.

Comment pratiquer la découverte ?

Une découverte, spécialement chez un client encore inconnu, se conduit en deux phases :

* première phase : recherche générale d'informations selon un programme (liste-guide de découverte) ;

* deuxième phase : quand on a découvert un fil conducteur, une hypothèse d'insatisfaction, on s'efforce de l'approfondir, pour vérifier cette hypothèse.

La vente s'appuie sur le besoin du client. Mais quand un client reçoit la visite d'un vendeur, il n'a pas, bien souvent, un besoin nettement exprimé. Davantage même, il est satisfait du produit qu'il utilise actuellement et n'envisage pas de l'abandonner au profit d'un autre. Bien sûr, il lui arrive de grogner en présence de tel et tel inconvénient, mais dans l'ensemble, l'utilisation de cet article, de ce bien, de cette solution, de ce service, lui convient. Il n'est donc pas prêt à envisager un changement. Et ce changement n'interviendra pas, ou risque peu de se produire, même si une publicité séduisante l'y incite.

On pourrait penser que, face à cette situation stabilisée, le vendeur lui-même n'ait guère de possibilité d'obtenir une révision des positions tenues par le client.

Ce n'est pourtant pas tout à fait le cas si le client se trouve en présence d'un commercial pratiquant notre méthode de vente. Comment procède ce vendeur ?

Il commence d'abord par faire connaissance avec son client. Il le situe dans son contexte professionnel, s'intéresse à son métier, discute avec lui des exigences de l'exercice de sa profession, de ce dont il doit disposer pour atteindre un bon niveau de performances, ce qui le préoccupe dans ce qui ne dépend pas directement de lui : collaborateurs, produits à acheter, équipements nécessaires, services extérieurs, etc.

Cette découverte, car c'en est une, se fait d'une façon détendue, en dialogue. Elle est parfois brève, parfois longue ; de quelques minutes à plusieurs heures, selon les types de vente. Cependant, malgré son air aimable, sa courtoisie et sa bonhomie, notre vendeur avance rigoureusement. Il explore méthodiquement toutes les voies. Il recherche un fil conducteur. Il cherche une faille parmi les certitudes affichées par son interlocuteur.

On peut considérer un entretien de vente comme le dialogue de deux experts du produit ou du service que l'on veut vendre : l'un connaît les utilisations de ce qu'il vend ; l'autre a un point de vue sur l'intérêt que présente cette acquisition pour lui. C'est pourquoi, le vendeur n'hésite pas à se faire décrire par le client les raisons pour lesquelles il apprécie tel produit ou tel service.

Il va recueillir ainsi de précieuses indications :

* sur la psychologie du client (ses craintes, ses audaces, sa fierté, son souci de confort, etc., voir page 65) ;
* sur les avantages qu'il apprécie le plus.

La vente est un dialogue entre deux experts, celui de la performance du produit et celui du contexte d'utilisation.

Or, précisément, nous l'avons vu, certains de ces avantages sont communs au produit en place et au produit que propose ce vendeur. Il les utilisera dans son argumentation.

De plus, quand le vendeur demande à son interlocuteur de lui dire pourquoi il apprécie tel produit ou tel service, il obtiendra plus facilement l'aveu des insuffisances ou inconvénients que présente ce produit ou ce service.

L'aveu des inconvénients s'obtient soit spontanément de la part du client, soit en réponse à quelques questions.

On peut par exemple dire : « En somme, vous êtes parfaitement satisfait de cette chaudière, vous n'avez aucun reproche à lui faire ! » Et le client de répondre : « C'est un peu rapide… j'ai quelques critiques à faire… »C'est ainsi que le vendeur a obtenu de faire avouer quelques inconvénients.

Une autre question, que nous avons évoquée, est intéressante parce qu'elle ne suggère aucune critique ; elle entraîne le client, sous prétexte d'« amélioration », à critiquer lui-même certains aspects de sa solution actuelle : « En me décrivant votre expérience de cet équipement, que souhaiteriez-vous améliorer ? »

En reprenant dans une synthèse rapide, énonçant l'essentiel de ce qu'il a recueilli au cours de sa découverte, le vendeur va mettre son client en présence d'une nouvelle réflexion sur son choix actuel. Il va lui faire constater que la solution en cours mérite d'être discutée et comparée à une autre solution.

Cette autre solution, c'est celle que vient proposer le vendeur.

Discussions autour du principe de la découverte

On peut objecter que le principe de la découverte prend du temps. C'est une remarque fréquente. Cependant :

❖ on peut étaler la découverte sur plusieurs entretiens (à condition de noter ce qui vous est dit) ;

❖ on observera, de plus, que certaines découvertes sont très rapides : une minute suffit souvent ; mais il faut poser les bonnes questions.

On peut aussi s'interroger sur l'intérêt d'une découverte systématique du contexte du client, par rapport à une découverte centrée sur le produit que l'on vient vendre.

Notre expérience de la vente nous indique que nombre d'arguments ne proviennent pas des qualités du produit à vendre, mais de celui dont on a compris comment il va inscrire ledit produit dans sa vie, son métier, son entreprise. Tout produit, même industriel, même fabriqué en grande série, trouve ainsi une sorte de personnalisation dont l'argumentation tiendra compte, et qui incite donc à une découverte plus complète.

La découverte débouche-t-elle toujours sur un accord, donc sur une vente ? Non, bien entendu. On peut concevoir qu'une découverte aboutisse à un échec. Peut-être n'a-t-on pas trouvé de fil conducteur ? Peut-être aussi, le client est-il tout à fait satisfait de sa solution actuelle ? Cependant, la pratique de la découverte se traduit toujours par une nette amélioration des ventes.

Une découverte fluide

Pour éviter l'aspect « bloc du questionnement » coincé entre la prise de contact et la proposition, ou si la découverte doit être d'une ample durée, afin d'éviter une forme d'enquête interminable, nous vous recommandons de diluer la découverte dans la conversation ; de procéder par petites touches ; de fondre en quelque sorte votre investigation dans la première partie de l'entretien, en rebondissant sur les propos de votre interlocuteur, même si cela donne l'impression d'un échange de propos primesautiers, décousus.

Cette façon de faire, pratiquée par quelques vendeurs de talent, exige bien entendu que vous ayez parfaitement en tête (et pourquoi pas sous les yeux) ce que vous souhaitez apprendre de votre interlocuteur.

Que voulez-vous savoir du client ?

Une découverte n'est surtout pas une conversation à bâtons rompus, improvisée. Elle est inspirée par un plan d'investigations, ou si vous préférez, par une liste de points à éclaircir.

Cette liste, il vous faut la construire. Il n'y a pas de liste universelle, les métiers de la vente sont si divers[1]. On peut toutefois envisager un plan type :

Plan type de découverte

1. Identification du client

- Nom
- Adresse du siège
- Métier
- Effectif
- Localisations des installations

2. Équipements

- Surface des ateliers, du stockage
- Matériels

3. Structure humaine

- Organigramme
- Dirigeants, domaines d'intervention, pouvoirs de décision
- Effectifs et professionnalisme des différents services (marketing, recherche et développement, production, achats, vente, etc.)

4. Activités et projets

---

1.   Pour aller plus loin, nous vous orientons vers les exemples présentés dans *Les techniques de la vente*, René Moulinier, Éditions d'Organisation, 2003.

5. Problématique en relation avec nos produits ou services
- Évolutions des produits et de leurs marchés
- Conjoncture
- Relations avec ses fournisseurs actuels

Ce chapitre 10 consacré à la découverte est capital. N'hésitez pas à le relire jusqu'à en être complètement imprégné.

11

Techniques d'interview et d'écoute

Pour conduire votre conversation avec votre premier client, mais aussi avec tous ceux qui suivront, nous allons rappeler brièvement les procédés employés par les journalistes les plus adroits pour faire parler des personnages en vue, parfois indiscrètement, au-delà de ce qu'ils voulaient avouer.

Les procédés employés ont pour noms : questions ouvertes et questions fermées, reformulations et écoute active.

Les questions sont inspirées par la liste-guide de découverte (évoquée page 86).

L'introduction de la découverte

Il s'agit, dès que la phase d'entrée en matière est terminée, c'est-à-dire au moment ou vous proposez un plan d'entretien, d'enchaîner en « envoyant la balle dans le camp du client ».

En quelque sorte vous imposez votre méthode de travail.

On peut dire, par exemple, en prospection ou lors d'une première visite : « Si vous le voulez bien, afin que je puisse vous présenter les différentes solutions (produits, services) qui pourraient vous convenir, nous allons commencer par faire mutuellement connaissance, puis nous évoquerons la situation actuelle de votre entreprise sur le plan de…, les causes de cette situation, les remèdes que vous avez essayés… Au cours de cet entretien, c'est votre entreprise qui sera la vedette. »

Comme vous le constatez, la formulation de départ est suffisamment large pour que la prise de parole s'effectue facilement. Peu importe la direction initiale que prend l'interlocuteur. Votre plan de découverte (alimenté par la liste-guide, page 86) vous permet de recentrer l'entretien si vous trouvez qu'on s'éloigne du sujet.

Vous obtiendrez d'autant plus facilement que votre client s'exprime si, d'emblée, vous posez des questions de *connaisseur* (ce qui implique que vous soyez déjà expérimenté techniquement), c'est-à-dire si, par le choix des mots, par les sous-entendus de vos questions, votre interlocuteur se rend compte qu'il a affaire à un professionnel qui connaît bien son propre métier.

Quand vous posez une question, ne posez qu'une question à la fois.

Questions fermées, questions ouvertes

L'introduction de la découverte commence nécessairement par une question ouverte.

Une question ouverte (par exemple : « Qu'évoquent pour vous les dernières mesures gouvernementales en faveur des entreprises ? ») est une question qui fait parler l'interlocuteur. Vous utilisez les questions ouvertes au début de l'entretien ou pour aérer un échange après quelques questions fermées.

Comme la question ouverte laisse à votre interlocuteur le choix de la réponse, il faut, pour éviter de rester dans le flou, essayer d'obtenir des précisions. Ces précisions sont obtenues par des questions fermées.

Une question fermée génère une réponse par : « oui », « non », ou une brève indication, un chiffre, une adresse.

Abuser des questions fermées dessèche l'entretien et donne l'impression à votre client qu'il est soumis à un interrogatoire. N'utiliser que des questions ouvertes ferait ressembler votre entretien à une conversation sans but. Il faut donc utiliser, à propos, alternativement, les questions ouvertes et les questions fermées.

Et voici trois conseils pratiques :

* posez des questions qui sont de vraies questions ;
* quand vous posez une question, ne posez qu'une question à la fois ;

❖ attendez que votre interlocuteur ait répondu avant de poser la question suivante.

Les différentes reformulations

En réalité, il n'y a pas que les questions pour faire parler. D'autres techniques d'interview vont vous permettre de donner un tour varié et vivant à votre découverte. Elles se nomment : reformulation-écho, reformulation déductive, reformulation-résumé, recentrage, sans oublier les multiples formes d'acquiescement.

Reformulation-écho

C'est une invitation directe faite à celui qui parle d'en dire un peu plus. Mais au lieu de lui dire naïvement : « Dites-m'en davantage », on répète quelques mots qu'il vient de prononcer.

Par exemple, le client dit : « Notre situation financière va nous conduire à ouvrir notre capital à de nouveaux partenaires extérieurs. »

Ce sujet-là vous intéresse, vous cherchez précisément à mettre un pied dans l'affaire. Vous reprenez en écho : « Ouvrir votre capital ? »

Le client ne peut pas se dérober. Il va vous en dire plus par ce sujet. Parce que vous lui montrez que vous l'écoutez, que vous vous intéressez à ce qu'il dit. Et tout naturellement, sans qu'il ait l'impression que vous le questionniez – et vous ne le questionnez pas en effet – il va vous fournir de nouveaux détails.

Reformulation déductive

Parfois un client n'en dit pas suffisamment. Il faut prolonger ce qu'il dit et déduire à sa place.

Par exemple, le client dit : « La concurrence est vraiment rude en ce moment. »

Et vous déduisez, pour le pousser à adhérer au contrat de livraison annuel à prix avantageux que vous souhaiterez le voir adopter : « Et vous seriez intéressé par des propositions qui vous permettraient de maintenir vos marges tout en luttant à armes égales avec la concurrence… »

Reformulation-résumé

Quand un entretien a une certaine durée, il faut, de temps en temps, clarifier ce qui a été échangé. Il s'agit de ramasser ce qu'on a appris, pour inciter à en dire plus. Une prise de notes méthodique facilite la reformulation-résumé.

« Nous avons jusqu'à présent parlé de votre société, de vos produits, de vos procédés de fabrication. Mais on n'a pas encore abordé la commercialisation. Voulez-vous que nous abordions maintenant ce sujet ? »

Recentrage

Il consiste à ramener votre interlocuteur au centre de l'entretien, pour le cas où la conversation aurait dérivé. Ce recentrage est une de vos responsabilités, si vous voulez que l'entretien soit productif dans un laps de temps limité.

© groupe Eyrolles

Après une interruption (téléphone, assistante), ou parce que votre client se perd dans des digressions, vous aidez votre client à se replacer sur le sujet qui vous intéresse : « Nous évoquions, il y a un instant… »

La vente est un métier d'écoute plus que de parole.

Le comportement d'écoute des clients

Écouter un client ne consiste pas seulement à être attentif à ses propos et à les prendre en notes ; c'est bien le moins que l'on puisse attendre d'un vendeur. L'écoute dans la vente va plus loin et nous allons parler d'« écoute active ».

Qu'entend-on par « écoute active » ?

La découverte ne se limite pas à un questionnement. Découvrir la situation (besoin et psychologie) d'un interlocuteur, ce n'est pas le laisser librement parler.

Bien que le chargé de négociation ait, pendant cette phase de la vente, un comportement plus effacé que lorsqu'il proposera et argumentera, il n'en a pas moins un rôle d'auditeur actif.

Ceci signifie notamment qu'il engage un dialogue entre « connaisseurs », où chacun reconnaît une bonne compétence professionnelle et humaine à son vis-à-vis.

Être « connaisseur », c'est manifester et exprimer son opinion propre. Ce qui est à l'opposé d'un personnage falot et sans grande consistance.

Écouter un client, c'est comprendre son point de vue, l'accepter et intégrer mentalement ce qu'il vous dit.

L'écoute active se traduit aussi, en pratique par :

❖ la prise de notes (signe évident de l'importance des propos tenus par le client) ;

❖ le regard attentif, observant les expressions de celui qui s'exprime ;

❖ les approbations, les réserves, les commentaires, qui sont autant de signes de la vitalité de l'échange, et autant de signaux d'intérêt porté aux propos de l'interlocuteur.

Tout ceci demande une forte mobilisation de l'attention. Écouter intensément quelqu'un n'a rien d'une sinécure, si l'on veut capter, pour les exploiter ensuite, la multiplicité des informations – verbales et non verbales – émises par votre client.

Votre comportement d'écoute en huit recommandations

1. Intéressez-vous sincèrement à votre client.

Soyez disponible et bienveillant à son égard.

2. Concentrez votre attention sur l'objet de votre visite.

Cherchez à comprendre les besoins et les dominantes psychologiques de votre client.

3. Observez le « non-verbal ».

Le visage de l'homme ou de la femme qui est en face de vous exprime son accord ou son désaccord, son plaisir, ses craintes : observez les mimiques, les expressions du visage, les gestes, les mouvements du corps. Ils vous renseignent précieusement, autant que les paroles prononcées.

4. Recherchez systématiquement ce qui est positif.

Dans tout ce qui est dit par votre client, même si en apparence il semble d'un point de vue différent du vôtre, cherchez les éléments d'accord. Il y en a toujours plus qu'on ne le croit.

Et quand il y a une opposition marquée, cherchez à transformer le « non » en « peut-être » et le « peut-être » en « oui ».

5. Gardez l'écoute même si vous pensez avoir tout compris.

Écoutez votre client. C'est vrai que c'est fatigant. Mais c'est une mine d'or pour vendre.

6. Pratiquez le résumé mental systématique.

Ce résumé mental consiste à capter, dans la multitude des propos de votre interlocuteur, ce que vous allez pouvoir exploiter pour présenter votre proposition et pour la soutenir par des arguments.

Pour cela la prise de notes vous facilite la tâche. Au fur et à mesure du déroulement de l'entretien, soyez conscient des points d'accord et des points de désaccord.

7. Faites préciser et vérifiez votre compréhension.

Le client n'est pas toujours précis. Reprenez ses propos pour vérifier que vous avez bien compris. Vous n'avez jamais intérêt à laisser un aspect dans l'ombre, même si vous croyez qu'il s'agit d'une objection.

8. Quand vous faites parler, imposez-vous de rester silencieux.

Ne parlez surtout pas à la place de votre client. Laissez-le s'exprimer. S'il est lent, ne précipitez pas son rythme. C'est à vous de vous adapter.

12

Connaissez-vous à fond ce que vous vendez ?

Votre parfaite connaissance du produit, service ou bien d'équipement que vous vendez, vous rend plus apte à conduire une découverte orientée de façon à faire surgir le « problème » d'achat de votre client. C'est encore la connaissance la plus complète de ce que vous vendez, qui vous permet d'étayer votre argumentation par des PREU-VES solides.

L'exemple de liste-guide ci-dessous vous inspirera pour mettre au point votre propre plan de connaissance de votre produit.

Votre société

Raison sociale. Nationalité. Date de fondation. Appartenance à un groupe. Capital. Chiffre d'affaires. Développement et croissance. Rang sur le marché mondial,
européen, national (et part de marché), régional (et part
de marché). Usines, installation, dépôts, agences en
France, à l'étranger. Laboratoires de recherche et de
contrôle. Membres de l'équipe de direction. Effectif du
personnel. Brevets, licences, exploités, concédés. Pourcentage du chiffre d'affaires consacré à la recherche et au
développement, norme ISO, etc.

Votre produit

* Qui a inventé le produit ? Où, quand, comment a-t-il
  été inventé ?

* Composition : matières premières, éléments de
  composition, origine, sélection et choix.

* Fabrication : procédés, protection par des brevets,
  lieux de fabrication, degré d'automatisation, robots,
  part de fabrication faisant appel à l'habileté manuelle,
  contrôles de qualité.

* Différences de composition et de fabrication des
  produits concurrents.

* Caractéristiques : aspect de la matière, poids,
  dimensions, forme, encombrement, couleur, toucher,
  odeur, son, goût et résultats des tests par rapport au
  goût moyen ou au goût local, constance et exclusivité
  du goût, temps de conservation, mesures de propreté,
  d'hygiène, de résistance aux agents chimiques et
  mécaniques.

❖ Gamme, collection : largeur, profondeur de la gamme. Thème de la collection et déclinaison. Nombre d'articles, nombre de références, nombre de tailles. Articles 20/80[1], produits de prestige, de volume, d'appel. Produits de stratégie commerciale, produits vedettes.

❖ Marque : exclusivité de la marque.

❖ Utilisation : utilisation préconisée. Utilisations secondaires (importance de ces utilisations secondaires ?). Acheteurs, prescripteurs, utilisateurs.

❖ Conditionnement : matériau, forme, dimension, encombrement, décoration, identification, protection contre les agressions mécaniques, chimiques, thermiques et détériorations dues au temps, conditions d'entreposage, transport, consignation ou perdu.

Politique de distribution

❖ Part de la commercialisation assurée en direct, par les grandes surfaces, les grands magasins, les magasins de centre ville, les discounters, les magasins à succursales multiples, les grossistes, le commerce traditionnel, la vente à distance (Internet, VPC).

❖ Évolution récente des parts de commercialisation.

❖ Axes de la politique commerciale.

❖ Types de points de vente prioritaires.

---

1. La loi dite du 20/80 a été établie par l'économiste italien Vilfredo Pareto, professeur à l'université de Lausanne, qui a constaté que 20 % des clients assuraient à eux seuls 80 % du chiffre d'affaires de toute entreprise. Lire à ce sujet : René Moulinier, *Les 10 clefs de l'efficacité du commercial*, Éditions d'Organisation, 2003.

❖ Positions de la concurrence.

Politique tarifaire

❖ Prix de vente final. Prix revendeurs.

❖ Marge en pourcentage et en valeur absolue. Marge par rapport aux autres produits. Marges et prix de la concurrence.

❖ Étagement tarifaire selon quantités.

❖ Bonifications de fin d'année.

❖ Accords de prix annuels.

❖ Conditions de règlement. Conditions de franco.

❖ Prix spéciaux pour certaines qualités.

❖ Exercice de la garantie, du service après-vente.

Politique de services

❖ Délai et fréquence des livraisons, moyens, lieux, formalités de livraison.

❖ Montage. Démonstration. Formation à l'emploi du produit.

❖ Nombre et proximité des dépôts, des succursales.

❖ Produits disponibles en stocks. Fabrications à la demande.

❖ Commandes par téléphone.

❖ Service et délai de réparation.

❖ Fréquence de visite des technico-commerciaux et des vendeurs.

Politique d'appui vente

- ❖ Notoriété de la société. Éléments positifs et négatifs de l'image de marque.
- ❖ Budget de publicité. Importance par rapport au chiffre d'affaires et par rapport aux concurrents. Media utilisés. Thèmes publicitaires de l'année.
- ❖ Présence aux expositions et salons. Sponsoring de manifestations. Promotion des ventes auprès des consommateurs et des intermédiaires.
- ❖ Publicité et aides aux points de vente (vitrines, présentoirs, affichettes, échantillons, animations).

13

La proposition et l'argumentation

La proposition

Négocier la vente d'un produit ou d'un service avec un client, c'est, à travers la découverte, envisager une ou plusieurs pistes pour définir les caractéristiques et les quantités de ce que l'on envisage de lui faire acheter. En d'autres termes, vous mettez progressivement au point une sorte de contrat, que vous soumettrez à son acceptation au moment de la conclusion.

Vous décrivez les contours de votre offre, ici appelée *proposition*, après la découverte, c'est-à-dire dès que vous pensez avoir compris ce que recherchait et acceptait votre client.

© Groupe Eyrolles

Peu importe que cette offre subisse des ajustements. Nous considérons même que lorsque votre client cherche à modifier ce que vous lui proposez, il est déjà en train de l'accepter, donc d'acheter.

En quoi consiste la proposition ? Elle décrit le produit ou service que l'on vend, ses principales caractéristiques et son prix.

L'argumentation

L'argumentation vise à obtenir une conversion du client en faisant chanceler ses certitudes (actuelles) pour le faire entrer dans une nouvelle disposition d'esprit en faveur de votre produit ou service.

Comment obtenir facilement cette *conversion* ? Justement, en ne bouleversant pas tout dans les pensées et points de vue du client. Autrement dit, vous allez construire vos arguments en utilisant ce qu'il vous a révélé lors de la découverte. Au fond, vous rendez l'achat familier parce que le produit est placé dans l'univers mental et émotionnel propre à votre client.

Vous comprenez ainsi pourquoi nous avons autant insisté sur la découverte.

Argumenter, c'est sélectionner dans votre argumentaire les arguments spécialement choisis pour votre client.

Votre découverte vous aide à situer le système de valeurs de votre client. En personnalisant l'argumentation, vous ajustez le produit ou le service proposé à ce système de valeurs.

Un client est, comme la plupart d'entre nous, un égoïste. Il ne raisonne qu'en fonction de son intérêt personnel. Soulignez donc, chaque fois que vous argumentez, l'intérêt personnel qu'il va trouver dans votre produit : « Ce matériel arrive dans votre magasin sans intermédiaire. » Ajoutez, pour bien lui faire comprendre l'avantage personnel qu'il va en retirer : « … donc vous évitez les manipulations, il n'y a pas de marge prise par des intermédiaires et donc plus de profit pour vous. »

Ajoutez à la fin de chacun de vos arguments une expression telle que : « … donc pour vous, voici le bénéfice que vous en retirez », « … en conséquence, vous obtenez (tel) avantage ».

Ainsi votre client comprend parfaitement où est son intérêt.

Quelques conseils pour argumenter efficacement

Quand vous argumentez, ne cherchez pas le sensationnel.

Parlez à vos clients de ce qui les intéresse. Parlez-leur d'eux, de leur vie, de ce que va leur apporter votre produit ou service.

Argumenter, ce n'est pas asséner à votre client la totalité des avantages des produits que vous essayez de lui vendre.

C'est au contraire sélectionner soigneusement les seuls arguments qui l'intéressent (ce que vous savez puisque vous l'avez « découvert »). N'utilisez que les arguments correspondant aux besoins et aux motivations de votre client.

Argumenter c'est émettre chaque argument l'un après l'autre.

Une seule idée à la fois.

Argumenter, c'est s'adresser à la fois à la sensibilité (à la psychologie) et à la raison du client (à son besoin de logique).

Si vous voulez que votre argumentation produise de l'effet, ayez en permanence cette question en tête : « Cet argument que je viens d'exposer à mon client, qu'est-ce que ça peut bien lui faire ? » Et si vous pensez en vous-même que ça n'intéresse pas votre client, alors votre argument risque de ne pas valoir grand-chose.

Pour décider vos clients grâce à la qualité de votre argumentation, il vous faut connaître à fond ce que vous vendez (voir page 99).

Il faut aussi avoir rédigé vous-même votre propre argumentaire.

Quand vous argumentez, dites la vérité.

Le mensonge se retournera contre vous.

Ce que vous dites, dites-le sincèrement.

En y croyant. En étant convaincu de la qualité de ce que vous vendez. (Si vous ne l'êtes pas, allez vendre autre chose qui vous inspirera plus !)

Argumenter, c'est installer votre client dans votre produit.

Pour cela, parlez au présent. Vous anticipez la possession.

De même, utilisez le « vous », le « vôtre ».

Ne parlez pas de « notre produit, notre société, etc. ».

Appuyez votre argumentation en regardant votre client.

Votre regard, sans insistance, donne de la force à votre argumentation. En regardant votre client vous percevez mieux ses réactions.

Des arguments alliant logique et psychologique

Nous avons souligné ci-dessus l'efficacité apportée par une argumentation s'adressant à la fois à l'esprit rationnel du client (dimension logique) et à sa sensibilité (dimension psychologique).

Pour répondre au besoin (objectif) et à la psychologie (subjective), un argument doit se composer d'un *avantage* et d'une *preuve*.

Avantage, preuve et question de contrôle

L'avantage sera lié à une des dominantes psychologiques de votre interlocuteur.

Cependant, un avantage est subjectif, donc contestable. Pour le rendre indiscutable, vous l'appuierez sur une preuve.

Pour prouver, citez des faits, des chiffres, des certificats, des essais effectués par un laboratoire indépendant, des témoignages, des références. Vous pouvez aussi faire une démonstration.

Et, comme recommandé ci-dessus, faites valoir à votre client quels bénéfices, quelles conséquences favorables il retirera de l'acquisition du produit ou du service que vous lui proposez. C'est ce qu'on appelle l'avantage personnalisé.

Vous pouvez, en outre vérifier l'effet produit par votre argument : c'est l'objet de la *question de contrôle*.

Des exemples d'arguments

À titre d'illustration, voici quelques exemples d'arguments :

VENTE À UN PARTICULIER EN MAGASIN DE DÉTAIL

Motivation : sympathie.

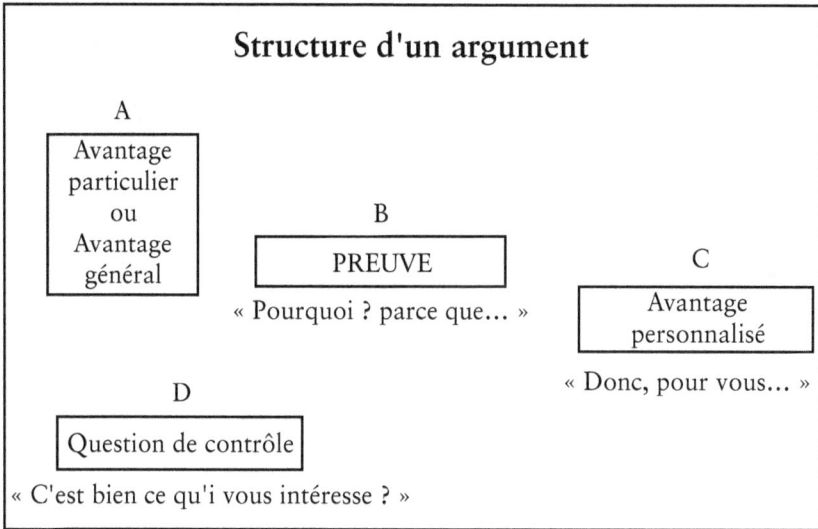

```
┌────────────────────────────────────────────────────────────────┐
│                    Structure d'un argument                       │
│                                                                  │
│         A                                                        │
│    ┌──────────────┐                                              │
│    │  Avantage    │                                              │
│    │  particulier │            B                                 │
│    │     ou       │      ┌──────────────────┐                    │
│    │  Avantage    │      │     PREUVE       │        C           │
│    │  général     │      └──────────────────┘   ┌──────────────┐ │
│    └──────────────┘   « Pourquoi ? parce que... »│  Avantage   │ │
│                                                  │ personnalisé │ │
│                                                  └──────────────┘ │
│              D                                  « Donc, pour vous... » │
│    ┌──────────────────────┐                                      │
│    │ Question de contrôle │                                      │
│    └──────────────────────┘                                      │
│  « C'est bien ce qu'i vous intéresse ? »                         │
└────────────────────────────────────────────────────────────────┘
```

❖ Avantage particulier : « Ce mocassin est très élégant ».

❖ Preuves : « Ses lignes sont très pures et agréables à l'œil, ses proportions sont bien étudiées, le dessus est en chevreau fin et la finition est très soignée. »

❖ Avantage personnalisé : « Donc pour vous qui avez une clientèle aisée, exigeante pour le choix des articles, vous disposez avec ce mocassin d'un article de bonne vente. »

❖ Question de contrôle : « C'est bien ce qui vous intéresse ? »

POUR UN ACHETEUR DE GRANDE SURFACE

Motivation : confort, commodité.

❖ Avantage particulier : « Ces "trainings" se vendent toute l'année avec une grande régularité. »

❖ Preuve : « En effet, cet article par son prix compétitif est vite saisi et mis dans le caddie, et est utilisé en toute saison. »

❖ Avantage personnalisé : « Donc pour vous, une administration régulière, sans vous poser de questions sur les quantités à acheter. »

❖ Contrôle (reformulation déductive) : « Si tous les articles étaient aussi faciles à gérer, votre métier serait bien facilité… »

VENTE DE CONSERVES EN BOCAUX DE VERRE

Motivation : orgueil, exigence.

❖ Avantage particulier et preuve : « Seul un produit de haute qualité est présenté en bocal de verre. »

❖ Avantage personnalisé : « Donc pour vous qui avez le souci d'attirer une clientèle exigeante en sélectionnant des produits de qualité, voilà le moyen d'améliorer encore l'assortiment de votre magasin. »

© groupe Eyrolles

14

N'ayez pas peur des objections

Nombre de vendeurs, quand un client émet une objection, ont l'impression que le sol se dérobe sous leurs pieds. L'entretien de vente, qui se déroulait bien jusque-là, semble entrer dans une zone de turbulences. Pourtant, il n'en est rien.

Pourquoi un client objecte-t-il ?

Origine des objections

Pour pouvoir traiter comme il convient les objections, il est important d'en comprendre l'origine.

Parce que le vendeur a pris l'initiative de la visite, parce que le client constate que ce vendeur conduit l'entretien de vente, le client résiste à l'influence du vendeur.

Même si le vendeur a correctement informé son client, a utilisé des arguments judicieux et adaptés, le client a l'impression de ne pas tout savoir (ignorance) pour prendre sa décision.

Le client peut également avoir une tendance naturelle à hésiter, à avoir peur de s'engager.

Résistance à l'influence du vendeur, peur, ignorance : alors le client réagit. Il émet des objections.

> ## Une objection est une manifestation d'ordre psychologique du client, qui trouve son origine dans la crainte ou l'ignorance, ou les deux à la fois.

Nature des objections

Certaines objections sont émises pour cacher des objections plus profondes. Il y a ainsi des objections-prétextes (objections superficielles) et des objections sincères (objections réelles).

Il faut démasquer les objections-prétextes pour retrouver l'objection réelle et y répondre.

Comment traiter l'objection ?

Traiter une objection s'apparente au contrôle du ballon de football au cours d'une partie. Quand le ballon est à votre portée, vous avez le choix entre reprendre « de volée » ou contrôler avant de tirer. Pour peu que le ballon « ait de l'effet », il peut prendre une direction surprenante si vous tirez « de volée ». Par contre, si vous contrôlez d'abord, vous annulez tout « effet » éventuel, et vous envoyez le ballon avec précision.

Pour traiter l'objection, une attitude, une parade, une réponse.

Pour traiter une objection, il faut observer trois aspects :

* avoir une certaine attitude vis-à-vis de celui qui objecte ;
* parer l'objection ;
* apporter la réponse souhaitée.

Quelle attitude adopter face à une objection ?

Parce que le client vous révèle, par ses objections, qu'il a peur ou qu'il n'en sait pas assez, vous devez respecter ce qu'il vous dit.

Vous devriez presque le remercier de vous livrer ses angoisses. Et si l'objection est dite sur un ton agressif, comprenez que cette agressivité est légitime : c'est un moyen pour lui de se défendre. L'agressivité du client signifie souvent que vous l'avez ébranlé grâce à la qualité de votre vente.

Alors, ne soyez pas maladroit, n'ayez pas peur de l'objection. Elle est une aide pour vous.

Douze bons conseils pour traiter les objections

1. Ménagez la susceptibilité du client. Ne le « contrez » jamais.

2. Calmez son agressivité en restant calme et bienveillant.

3. Écoutez et respectez ce que vous dit votre client.

4. N'oubliez pas que vendre, c'est rechercher un accord.

5. Évitez donc toute discussion, toute réponse brutale.

6. Cherchez surtout à vous faire expliquer l'objection. N'hésitez pas à explorer à fond pourquoi il a peur ou ce qu'il n'a pas compris.

7. Apportez-lui toutes les informations dont il a besoin.

8. Le client est-il agressif ? Restez détendu et souriant.

9. Soyez apaisant. Votre client vous en saura gré.

10. Identifiez l'objection. Classez-la dans votre esprit.

11. Laissez parler le client qui objecte.

12. Écoutez-le attentivement. Ne l'interrompez pas. Plus il parle, plus il vous livre les clés de la compréhension de ce qui le trouble ou le préoccupe.

Que dire tout de suite après que le client a émis une objection ? Pour traiter l'objection, spécialement si celle-ci a été émise par le client sur un ton virulent, vous interposerez une brève phase d'amortissement. À cet effet, vous n'opposerez pas de résistance et semblerez même accepter l'objection. En réalité, vous en acceptez l'existence, mais pas le contenu.

Employez un vocabulaire prudent. Les mots sont chargés de sens. Certains sont bourrés d'explosif.

* Dites : « Oui » (ce qui ne vous engage pas beaucoup) et jamais « non ».
* Dites : « Vous avez raison de me poser cette question, de me faire cette remarque, cette observation. »
* Dites encore : « Votre remarque est intéressante », « Je vois ce que vous voulez dire », « Vous faites bien d'aborder ce sujet ».
* N'employez jamais les mots : « objection », « problème », « difficulté », « obstacle », « contestation », « opposition », « critique », etc.

❖ Dites aussi : « Je comprends votre point de vue », ce qui est une manière de jouer sur les mots, mais vous ne le dites surtout pas : « Je comprends que vous ayez un point de vue différent du mien, mais je vous laisse croire que j'accepte momentanément votre point de vue. »

Comment parer l'objection ?

Il n'est pas toujours nécessaire de *répondre* à une objection. L'intérêt des parades est que, souvent, elles évitent d'apporter une contre-argumentation parce qu'elles évacuent l'objection.

Vous avez le choix entre plusieurs parades, selon les objections. Voici comment elles se nomment ; nous les illustrons par quelques exemples :

La division

On trouve dans l'objection plusieurs contenus qui sont dissociés et traités séparément.

« Je vous remercie de votre question. Celle-ci suggère plusieurs aspects, auxquels je voudrais donner les réponses qui conviennent. »

L'effritement

Cette parade revient à diviser la difficulté pour mieux la résoudre. La grande habileté sera de faire faire ce travail par le client, en l'obligeant à justifier son objection, ce qui risque de l'embarrasser.

C'est une des parades les plus efficaces.

EXEMPLE 1 :
Client : « Vous êtes trop cher ! »
Vendeur : « Trop cher par rapport à quoi ? »

EXEMPLE 2 :
Client : « J'ai la même chose ailleurs ! »
Représentant : « Pour mon information personnelle, que vous propose votre fournisseur actuel ? »

Autres formulations : « Pouvez-vous m'expliquer votre point de vue plus en détail ? » « Qu'est-ce qui vous amène à penser ainsi ? »

1RE VARIANTE : L'EFFRITEMENT EN CAS DE DÉROBADE DU CLIENT

❖ Client : « Je vais réfléchir… »

❖ Vendeur : « Il est normal de réfléchir pour ce genre de décision. Peut-être pourrais-je vous aider ? Si nous examinions ensemble vos critères de choix ? »

2E VARIANTE : L'EFFRITEMENT EN CAS DE DÉROBADE EN SE SERVANT D'UN « PARAVENT »

❖ Client : « Il faut que j'en parle à mon associé (mon comptable, ma femme, mon conseil d'administration). »

❖ Vendeur : « Il est tout à fait naturel de s'entourer du conseil de personnes avisées. Mais vous qui les connaissez bien, pour vous aider à préparer cet entretien, quels sont à votre avis, les points auxquels elles seront plus particulièrement sensibles ? »

L'affaiblissement

Il s'agit, par une reformulation-transformation, de diminuer la force de l'objection. Au client qui refuse absolument, on va, par une manœuvre douce, le faire changer

> ## *Pour traiter une objection, commencez par diminuer la pression*
>
> Pour cela :
> - soyez attentif ;
> - écoutez l'objection jusqu'au bout (n'interrompez pas) ;
> - faites-la vous expliquer, comme s'il s'agissait d'une question normale, naturelle.

progressivement d'avis. On transforme le « non » en « peut-être », et le « peut-être » en « oui ».

EXEMPLE 1

Client : « Je n'ai besoin de rien »

Vendeur : « Peut-être que le moment est mal choisi pour vos achats. Pouvez-vous me dire quand vous achetez ? Ce que vous achetez ? »

EXEMPLE 2

Client : « Pas question de traiter avec vous ! »

Vendeur : « Je pense que vous n'avez pas actuellement tous les éléments de décision pour vous prononcer. »

EXEMPLE 3

Client : « C'est trop cher. »

Vendeur : « Cet article dépasse un peu ce que vous comptiez mettre dans cet achat ? De combien ? »

Et vous enchaînez en reprenant votre découverte.

L'écran

Parade habile, à employer quand une objection arrive trop tôt et que vous n'avez pas eu le temps de développer les avantages de ce que vous proposez, ou bien parce que, tactiquement, vous n'avez pas intérêt à aborder à ce moment-là la réponse.

Vous rejetez à un peu plus tard le moment où vous répondrez à cette « question ». Vous contournez l'objection sans y répondre. On procède en général en apaisant le client et en le rassurant sur vos intentions : « Naturellement, je vais vous parler de cela dans un instant. Auparavant voulez-vous que nous définissions... »

EXEMPLE 1

Client : « Ça coûte combien ? »

Vendeur : « Bien entendu nous ne manquerons pas de parler du prix ; Je peux déjà vous dire que nous sommes parvenus à des prix très compétitifs. Auparavant... »

EXEMPLE 2

Client : « Montrez-moi votre collection. »

Vendeur : « Je ne manquerai pas de vous la présenter. Je suis venu pour cela. Mais pour pouvoir mieux vous conseiller, voulez-vous d'abord me parler de ce que recherche votre clientèle ? »

La réponse à l'objection

Répondre à l'objection, c'est en réalité argumenter, après que l'on ait compris ce qu'attendait l'interlocuteur.

Une recommandation : quand vous argumentez en réponse à une objection, gardez un air modeste. Pas de triomphe inutile, vous gâcheriez toutes vos chances.

Dans tous les cas, après avoir écarté ou traité l'objection, vous enchaînez immédiatement sur la suite de l'entretien de vente, en le reprenant à l'endroit où vous l'aviez laissé : découverte ou proposition et argumentation.

Quatorze exemples de traitements d'objections classiques

Il serait illusoire de croire que l'on pourrait dresser un jour une encyclopédie des objections et des réponses à leur opposer. Quand bien même ce travail aurait été fait, le recensement effectué sera toujours dépassé, tant l'imagination des clients est fertile pour inventer de nouvelles objections : il y en aura toujours auxquelles nous n'aurons pas pensé.

Les exemples qui suivent sont des modèles de traitement, qui ne sont pas à apprendre par cœur, mais qui vous guideront pour que vous inventiez vos propres traitements : parade d'abord, puis éventuellement réponse, si cela est encore nécessaire. Un commentaire explicite ce qu'il faut penser de ces objections [1].

1. Je n'ai pas le temps (au téléphone)

Objection prétexte. Ce client ne voit pas *a priori* quel intérêt pourrait avoir pour lui ce que vous lui proposez.

---

1. Pour aller plus loin, René Moulinier, *Les techniques de la vente,* chapitres 16 et 17, Éditions d'Organisation, 2003, et *L'essentiel de la vente,* pages 149 à 170, Chiron Éditeur, 2005.

Vous allez le prendre au mot, en interprétant sa pensée, il n'a pas le temps aujourd'hui, mais sans doute demain sera-t-il plus disponible : « C'est précisément pour cela que je vous appelle, afin de convenir d'un rendez-vous à un moment favorable pour vous... »

2a. Ça ne m'intéresse pas

2b. Je n'ai besoin de rien

Encore deux objections prétextes identiques à la précédente. Qu'est-ce qui ne l'intéresse pas ? Comment s'y prend-il pour adapter ses achats à ses besoins ?

Le mieux est de le lui demander par effritement précédé par une interprétation : « Si je vous comprends bien, vous me dites que vous avez une politique d'approvisionnement qui fonctionne bien. Pour que je puisse vous faire profiter de certaines opportunités dans nos offres, pouvez-vous m'expliquer votre raisonnement ? »

3a. J'ai déjà un fournisseur

3b. Je suis satisfait de mes fournisseurs actuels

La visite d'un fournisseur de plus risque de déranger l'ordre établi, d'où la crainte exprimée par ce client. Mais cela ne vaut-il pas la peine, pour lui – et n'est-il pas payé pour cela ? – de détecter si ce nouveau fournisseur ne lui rendrait pas un meilleur service que les fournisseurs actuellement en place ?

Traitement par interprétation suivie d'un effritement : « Je pense en effet que vous avez choisi judicieusement vos fournisseurs. Mais vous constatez sans doute que les évolutions économiques sont très rapides et qu'il importe de comparer en permanence les prestations des fournisseurs actuels à ce que d'autres peuvent proposer de mieux. C'est précisément ce qui motive ma visite aujourd'hui. À quoi êtes-vous le plus attentif ? Qu'appréciez-vous particulièrement chez vos fournisseurs actuels ? »

4. Ça vaut combien ? (la question est posée en début d'entretien)

Répondre ou ne pas répondre tout de suite ? On peut tenter un écran : « Bien entendu la question du prix sera abordée au cours de cet entretien. Auparavant, pour apporter la réponse la plus adaptée... » (reprise de la découverte).

On peut aussi donner un prix de principe, ce qui risque de déclencher : « C'est trop cher » qui sera abordé ci-dessous. Alors pourquoi ne pas commencer par un prix attrayant, pour allécher le client. Encore faut-il qu'il puisse accéder à ce prix attrayant (quantité commandée), ce que nous ignorons.

En définitive, repousser l'énoncé du prix après avoir situé les problèmes à résoudre et les attentes du client, semble la meilleure tactique.

5a. J'ai du stock

5b. J'ai trop de stock

Si l'objection est sincère, le client n'est pas en position d'achat. L'existence d'un stock est à l'origine de plusieurs préoccupations pour le client : écoulement, immobilisation de trésorerie.

C'est par l'approche de ces préoccupations que l'on trouvera la réponse. On procédera par une reformulation-transformation (interprétation) suivi d'un ballon d'essai : « Un stock est toujours un sujet de préoccupation... On se demande à quelle vitesse il va s'écouler et quand on sera en position d'achat. De plus, ce stock peut se traduire par une immobilisation de trésorerie. Et vous vous demandez sans doute comment vous pourriez résoudre ces questions. Et si nous examinions la solution qui consisterait à... »

6. Un fournisseur de plus ? Vous n'y pensez pas ! Je cherche plutôt à éliminer l'un d'entre eux

Vous allez faire dériver votre interlocuteur vers une autre réflexion sur ses fournisseurs.

Ici on commence par un effritement : « Pourquoi cherchez-vous à éliminer un de vos fournisseurs ? Quel est votre raisonnement par rapport à vos approvisionnements ? »

Et en fonction des réponses obtenues (interprétation et appui) : « En fait vous vous posez la question de la politique à suivre pour choisir moins de fournisseurs et obtenir autant, si ce n'est davantage, de services. C'est justement notre façon d'établir une relation de service solide et durable que je voudrais vous présenter au cours de cette visite... »

7a. C'est trop cher

7b. Ce n'est pas rentable

Un prix « sec » n'a pas de signification (voir le chapitre suivant sur la défense du prix). Un prix s'évalue par rapport à une utilité (en partie subjective) et par rapport à un environnement professionnel.

Donc, vous allez procéder par effritement : « Quand vous estimez que c'est trop cher (que ce n'est pas rentable), quels sont vos points de repère ? »

Vous pouvez poursuivre par une reformulation affaiblie : « C'est cette différence de quelques euros qui provoque votre réaction ? »

8a. Vous êtes mal placé

8b. Mon fournisseur actuel m'accorde x % en plus

Comme pour l'objection précédente, il faut replacer cette observation dans son contexte (effritement) : « Quelles sont les conditions que vous consentent mes confrères ? En quoi sont-ils mieux placés que nous ? »

On poursuivra par un appui : « Notre différence de prix s'explique par… »

9. Votre gamme n'est pas complète

C'est vrai. Votre gamme de produits est concentrée sur le 20/80 de la demande[1].

Vous acceptez l'objection (compensation précédée par un effritement) : « Quels sont les articles que vous ne trouvez pas chez nous ? Combien en achetez-vous chaque année ? Et tels autres articles de notre gamme… ? »

---

1. Les 20 % des articles qui génèrent 80 % des ventes. Voir note page 101.

© groupe Eyrolles

« Comme vous le constatez nous avons sélectionné les articles qui sont les plus demandés, ce qui nous permet de produire des séries plus importantes, et en conséquence avoir des prix moins élevés et une disponibilité immédiate de toutes nos références. N'est-ce pas ce que vous recherchez ? »

10. Votre solution est techniquement dépassée

C'est possible. On n'arrête pas le progrès... Mais votre client a-t-il besoin réellement de la toute dernière invention ?

Nous allons le vérifier par un effritement : « Quelles sont les performances que vous attendez précisément des matériels que vous utilisez ? »

Et selon la réponse, vous ferez observer qu'en fait votre solution présente exactement les caractéristiques requises, même si ce matériel a été mis au point avant celui d'un confrère. On peut suggérer aussi que votre expérience promet une plus grande sécurité que le matériel concurrent.

11. C'est trop compliqué

On prend appui sur cette remarque pour avancer un argument supplémentaire : « C'est pourquoi nous avons prévu lors de l'installation un cours d'entraînement pour tous les utilisateurs ; de plus, nous formons à notre centre technique tous les personnels que vous voudrez bien envoyer ultérieurement. »

12. Le délai de livraison est trop long

Effritement suivi d'une division : « De quelle quantité avez-vous besoin et à quelle date ? »

Après avoir écouté la réponse : « Si je vous propose telle quantité immédiatement et trois livraisons chaque quinzaine, je réponds me semble-t-il à ce qui vous est nécessaire ? »

13. Il faut que j'en parle à...

Approbation suivie d'un effritement : « Il est normal de s'entourer des conseils de personnes avisées. Ces personnes, que vous connaissez bien, à quoi seront-elles attentives ? Voulez-vous que nous préparions ensemble les arguments que vous pourrez développer ? Et vous-même, quel est votre sentiment personnel sur cette affaire ? »

14. Je vais réfléchir

Dérobade si souvent entendue qu'elle devient presque risible. Votre interlocuteur n'ose pas refuser ouvertement.

Vous allez le pousser dans ses retranchements par un effritement : « Toute décision mérite réflexion. Mais sur quoi portera votre réflexion ? Peut-être y a-t-il des aspects que je n'ai pas suffisamment détaillés ? Parlons-en... »

15

Défendre son prix

La rentabilité d'une entreprise, indispensable pour assurer sa survie et son développement, est en partie entre les mains des vendeurs. C'est pourquoi, légitimement, tant de directions commerciales bataillent pour que les vendeurs défendent avec brio et efficacité des prix rémunérateurs pour l'entreprise et ne cèdent pas à la pression des acheteurs demandeurs de bas prix.

Qu'est-ce qu'un prix pour le client ?

Un prix est pour votre client un investissement, quel que soit ce qu'il achète : équipement, consommables, service.

Annoncez le prix, même élevé, sur le ton de l'évidence le plus naturel, comme quelque chose de normal et même d'avantageux.

Le produit, dont le prix est la contrepartie, apporte un rendement en terme de confort, de sécurité, de plaisir, de satisfaction, d'esthétique et aussi parfois sur un plan financier (économie de temps, de main-d'œuvre, d'énergie, etc.).

❖ Un prix s'apprécie pour l'usage du produit dans le temps (durabilité, solidité, valeur de revente éventuellement, amortissement sur une longue période, avance technique).

❖ Un prix s'apprécie pour tous les inconvénients que la possession du produit ou de l'équipement évite. Ces inconvénients ont une conséquence et... un coût.

Quinze conseils tactiques d'exposé du prix par le vendeur

1. Dès le début de la négociation, votre comportement indique à l'acheteur, si vous êtes un tendre qu'il pourra plumer, ou si vous êtes un coriace avec lequel il devra jouer serré.

2. N'exposez le prix qu'après que le client a eu le temps de prendre connaissance des avantages techniques et psychologiques que l'offre présente pour lui.

Il faut en quelque sorte installer dans l'esprit du client le « système de valeurs » que représente l'usage du produit que vous lui proposez, préalablement à l'exposé du prix.

3. Annoncez le prix comme si cela allait de soi.

Dissimulez votre angoisse du « prix trop élevé » : attention, elle se devine. Soyez aussi assuré, en exposant le prix, que vous l'êtes en parlant de la qualité de votre produit. Prix et qualité du produit sont les deux faces de la même médaille.

4. N'annoncez de vous-même aucune concession.

Attendez que votre client se manifeste.

5. Toute concession appelle une contrepartie immédiate, inconditionnelle et définitive.

N'acceptez pas – et dites-le – qu'après l'annonce de votre prix, on vous impose des services gratuits, des délais de paiement, une extension de la garantie, etc.

6. On vous demande un prix d'entrée de jeu ? Pratiquez un écran.

« Bien sûr nous parlerons de cela dans quelques instants. »

7. Si le client objecte (« C'est trop cher »), pratiquez l'effritement (« Qu'est-ce qui vous fait penser cela ? »).

Il faut absolument que votre interlocuteur vous livre ses points de repère pour que vous apportiez l'argumentation adéquate.

8. Explorez le prix que votre interlocuteur estimerait normal de payer.

Sa réponse engage sa crédibilité professionnelle (est-il dans le coup ?).

9. Votre prix est plus élevé que ceux de certains concurrents ? C'est normal.

Tous vos confrères n'ont pas la même qualité de produits et/ou de services. Partez du principe – et dites-le lui – que votre produit n'est pas le meilleur marché, ne l'a jamais été et ne le sera jamais. Par contre expliquez ce qui justifie l'écart entre les prix.

10. Quand cela est possible, détaillez les « plus » par rapport aux concurrents (en ayant préalablement pris la précaution de vérifier si ces « plus » intéressent votre client) :

- que ce soit parce que vous offrez plus de... à un prix plus élevé ;
- que ce soit parce que votre prix est compétitif, toutes choses égales par ailleurs.

11. N'oubliez pas de signaler tous les « services gratuits » qui font partie de la proposition et faites clairement état de la valeur des économies qu'ils représentent pour votre client.

Essayez de lui faire chiffrer ces économies ou faites ce chiffrage devant lui.

12. Toute remise de votre part doit être justifiée : économie d'échelle, raccourcissement du délai de paiement, suppression d'un service optionnel, etc.

Arrangez-vous pour que les concessions accordées se fassent hors termes monétaires (par exemple produits gratuits considérés comme échantillons) et ne figurent pas sur le bon de commande afin de préserver les négociations futures.

13. Si votre latitude de négociation est limitée, ne commettez par l'erreur de vous retrancher ouvertement derrière votre hiérarchie (ce qui vous dévalorise).

Annoncez plutôt que vous allez réfléchir et que vous annoncerez votre décision par téléphone.

14. Si le prix acceptable par votre client (cf. point 8) est trop éloigné de celui que vous pratiquez, la discussion perd tout intérêt.

Retirez-vous et consacrez votre temps à un autre client.

15. Enfin, quand la négociation sur le prix est terminée, même si vous êtes satisfait du prix conclu, jouez la comédie de celui qui a lâché plus que prévu.

« Vous êtes un rude négociateur », direz-vous à votre client, pour lui laisser penser qu'il a obtenu le maximum de votre part.

16

Conclure la vente

En raison de la diversité des ventes, les conclusions de la vente ne sauraient être identiques. Selon que l'on prend commande, que l'on fait signer un contrat, que l'on prend un accord verbal qui sera exécuté par des collaborateurs, ou encore que l'on prévoit la prochaine étape d'une négociation à épisodes successifs, le cérémonial de la conclusion change considérablement.

Mais quelles qu'en soient la nature et les modalités, conclure c'est prendre un accord et non pas laisser les choses se faire d'elles-mêmes.

Et si la vente s'achève sur un constat de désaccord, conclure ce n'est pas battre en retraite, mais préparer le terrain pour un accord ultérieur.

Conclure, c'est prendre un accord et non pas laisser les choses se faire d'elles-mêmes.

On rappellera quelques fondements d'une bonne conclusion.

Qui doit conclure ? Le vendeur

Au moment de la conclusion, deux hésitations sont face-à-face :

❖ celle du client, qui a peur de s'engager et qui a besoin d'être aidé et encouragé ;

❖ celle du vendeur qui, par scrupule ou par peur d'échouer, attend que le client se manifeste.

La conclusion de la vente est placée sous votre responsabilité.

C'est celui qui a pris l'initiative de la démarche de vente et qui l'a conduite de bout en bout qui doit conclure : le vendeur.

Quand doit-on conclure ? Le plus tôt possible

❖ Quand on a recueilli un nombre d'accords partiels suffisants. Notamment, quand, avant de présenter votre proposition, vous aurez résumé au client ce qu'il vous a dit pendant la découverte.

❖ Quand le client manifeste, par certaines questions ou par son attitude, qu'il semble intéressé.

© groupe Eyrolles

On hésitera d'autant moins à conclure vite, que les parades des objections permettent d'explorer les raisons d'un désaccord et d'ajuster la proposition.

Il s'agit aussi d'être vigilant pour saisir les opportunités de conclusion.

Comment conclure ?

Cela dépend du degré d'intérêt manifesté par votre client (voir ci-après).

Dans tous les cas, le vendeur doit avoir une claire conscience :

* des aspects positifs de l'entretien ;
* des réticences manifestées par son interlocuteur.

Car, dans tous les cas, le vendeur a la volonté de conclure.

Son ton est convaincant et entraînant. Il n'hésite pas et se montre affirmatif. Il parle au présent et installe fictivement le produit ou le service chez son client.

Conclusion d'un entretien intermédiaire

Quand une négociation nécessite plusieurs entretiens successifs, il ne faut pas omettre à la fin de chaque entretien :

* de tirer les enseignements de l'entretien qui s'achève ;
* de définir qui (vendeur, client) doit faire quoi ;
* quand il doit le faire (pour quelle date précise) ;
* de mettre en place, éventuellement, les contrôles du déroulement des actions qui prépareront la visite suivante.

Conclure avec un client intéressé

PRÉALABLE

En observant votre client pendant l'entretien de vente, vous avez perçu des signes manifestant son intérêt (ses remarques, ses demandes de précisions, ses objections sur des points de détail).

COMMENT CONCLURE

Vous résumez l'entretien et vous pratiquez soit la conclusion directe, soit la conclusion alternative.

CONCLUSION DIRECTE

Vous prenez simplement des accords sur les quantités, le lieu de livraison, le prix, les modalités de règlement, etc.

Variante : quand on doit faire signer un contrat, vous lisez le contrat, ou au moins les clauses qui protègent le client, en soulignant que votre société a le souci de traiter correctement sa clientèle.

CONCLUSION ALTERNATIVE

Vous pensez, en fonction de l'entretien, qu'il vaut mieux laisser choisir votre client. Vous proposez deux ou trois solutions (pas davantage).

Variante : l'alternative porte sur des aspects secondaires. (C'est ce qui correspond au bien connu : « Votre salade, la préférez-vous à l'huile d'arachide et au vinaigre de vin ou à l'huile d'olive et au citron ? », alors qu'on n'a pas demandé de salade !)

Conclure avec un client réservé

PRÉALABLES

Votre client a émis quelques objections. Il est un peu inté-ressé mais manifeste des réserves.

Peut-être avez-vous aussi insuffisamment conduit votre entretien de vente : découverte incomplète, mauvaise écoute des réponses, attention distraite à ce que pense et exprime votre client. Vous tentez de prendre un accord avec votre client et il se dérobe par une objection.

COMMENT CONCLURE

Vous mobilisez toute votre attention.

Vous faites parler le client sur son objection (effritement).

Vous reformulez : « Si j'ai bien compris… » et vous obte-nez un accord sur cette reformulation.

Vous demandez : « C'est la seule chose qui vous empêche de vous décider aujourd'hui même ? » (Laissez parler et écoutez, puis continuez votre découverte.)

Si la réponse est : « Oui », vous reprenez : « Si jamais je vous apporte une réponse satisfaisante à votre question, vous prenez alors votre décision ? »

Isolez alors la ou les objections, et traitez-les en souli-gnant les avantages supplémentaires qu'apporte votre proposition par rapport à l'état des choses antérieur. Demandez au client de vous confirmer le bien-fondé de ces avantages supplémentaires.

© groupe Eyrolles

Le vendeur compte alors sur la dynamique des accords partiels obtenus lors de ce qui précède pour entraîner le client vers l'accord final.

On renforcera l'effet désiré par le procédé du stimulant.

STIMULANT

Ce procédé consiste à évoquer un événement imminent pour faire pression sur la décision (hausse du tarif, avantage passager, fin de série, etc.).

Par exemple : « Ce serait dommage pour vous d'échouer, parce qu'un terrain à ce prix ne serait plus disponible... »

Conclure avec un client rétif

PRÉALABLE

Votre client a fait de nombreuses objections. Pourtant, il ne semble pas en désaccord sur tout. Une objection surtout semble de taille.

COMMENT CONCLURE

Vous employez le procédé du protocole, illustré notamment par la négociation « à petits pas » du diplomate américain Henry Kissinger, quand il a négocié la paix entre l'Égypte et Israël.

LE PROTOCOLE

Vous jouez le tout pour le tout. Vous recherchez une solution de compromis :

❖ Vous commencez par résumer l'entretien en faisant ressortir d'abord les objections réelles rencontrées, que vous adoucissez en les affaiblissant (voir page 119).

Cet accord, aisé à obtenir sur les points de désaccord, enclenche si l'on y réfléchit bien une sorte de dynamique de l'accord sur les points de désaccord et facilite le stade suivant, le « recensement des points d'accord ».

❖ Vous soulignez ensuite les points d'accord, en les mettant bien en valeur. Vous demandez une approbation (« oui »).

❖ Vous ajoutez : « Pour une décision comme celle que vous devez prendre, l'expérience montre qu'il n'y a jamais d'accord sans réserve ».

❖ Puis vous flattez (sans excès) votre interlocuteur : « Moi qui rencontre beaucoup de clients[1], je vois que vous êtes particulièrement exigeant (ou : attentif, vigilant, averti), et cette qualité d'attention que vous portez à cette décision semble indiquer que vous aimeriez bien trouver un terrain d'accord. »

❖ Ensuite vous entreprenez la destruction systématique de chacune des objections majeures : « Que faudrait-il pour que ce qui vous gêne… devienne acceptable ? », et vous poursuivez jusqu'à ce que tous les blocages aient été déverrouillés.

Quand la vente est d'un montant important, le protocole est d'une remarquable efficacité.

Le protocole relance la dynamique de l'accord par l'accord sur les désaccords.

---

1. Votre client n'est pas censé savoir que vous faites votre première visite ou l'une de vos premières visites. C'est un « pieux mensonge ».

La plus grande difficulté, pour votre client, c'est de se décider à dire à son fournisseur actuel qu'il va l'abandonner.

Même si vos produits et vos services sont supérieurs, votre client a peur d'annoncer sa décision à son fournisseur actuel.

Si vous comprenez qu'il hésite, faites-lui dire pourquoi.

Pesez avec lui les justifications.

Proposez-lui un essai qui lui permettra de continuer quelque temps avec son ancien fournisseur (« un oubli progressif est plus facile à accepter »).

Il comparera et choisira le meilleur.

S'IL Y A DES DOCUMENTS À SIGNER, DES BORDEREAUX À REMPLIR

Soyez sobre, attentif, sérieux, précis, organisé.

Vous êtes un professionnel et il est rassurant pour vos clients de voir que vous avez l'habitude de ce genre de formalités, que chaque chose est en place.

Vos réponses sur les délais et les circuits suivis par chaque document, sont précises : « Voici ce qui va se passer maintenant… »

Vous consolidez ainsi la conclusion à laquelle vous êtes parvenu.

17

La prise de congé

- ❖ Attention aux paroles malheureuses que l'on prononce dans l'euphorie de l'accord obtenu.

- ❖ Ne remerciez pas les clients. Ce n'est pas à vous qu'ils ont versé de l'argent ; les remercier, ce serait les inquiéter.

- ❖ Remerciez de l'*accueil* qui vous a été réservé.

- ❖ Rassurez, sécurisez : « Vous avez pris une très bonne décision », « Je serai toujours là pour répondre à vos questions éventuelles » (remettre votre carte si ça n'est pas encore fait), ou selon le cas : « J'assurerai personnellement le suivi de votre commande, de votre dossier ».

- ❖ Informez clairement votre client sur les étapes du déroulement des opérations à venir.

- ❖ Si cela vous semble indispensable, c'est à ce moment que vous aborderez les sujets divers : passe-temps favori de votre client (mais au fond, vous admet-il comme un interlocuteur valable ?), éventuellement, amitiés communes, etc. Personnellement, nous sommes très réservés sur ce genre de conversation pendant ou après une vente. Ne pensez jamais qu'un client est un ami. Ce qu'il appréciera toujours, c'est votre compétence, votre efficacité et votre courtoisie.

❖ N'oubliez pas aussi que votre client a besoin de travailler autant que vous : il appréciera votre brièveté.

❖ Saluez : « Au revoir Madame, au revoir Monsieur », sans oublier les autres personnes éventuellement présentes.

❖ Sachez partir rapidement. En prenant ainsi congé, vous consolidez aussi la bonne impression que vous avez donnée de vous et de votre société.

www.ingramcontent.com/pod-product-compliance
Lightning Source LLC
Chambersburg PA
CBHW062009200326
41519CB00017B/4733